中等职业教育课程改革"十四五"规划教材

会计电算化综合实训

Kuaiji Diansuanhua Zonghe Shixun

（第二版）

主编／龚渝 王淼

立信会计出版社
LIXIN ACCOUNTING PUBLISHING HOUSE

图书在版编目(CIP)数据

会计电算化综合实训/龚渝，王淼主编.—2版.—上海：立信会计出版社，2022.1(2023.8重印)

ISBN 978-7-5429-6862-3

Ⅰ.①会… Ⅱ.①龚…②王… Ⅲ.①会计电算化—教材 Ⅳ.①F232

中国版本图书馆CIP数据核字(2021)第277660号

责任编辑　王斯龙

会计电算化综合实训（第二版）

KUAIJI DIANSUANHUA ZONGHE SHIXUN

出版发行	立信会计出版社
地　　址	上海市中山西路2230号　邮政编码　200235
电　　话	(021)64411389　传　真　(021)64411325
网　　址	www.lixinaph.com　电子邮箱　lixinaph2019@126.com
网上书店	http://lixin.jd.com　http://lxkjcbs.tmall.com
经　　销	各地新华书店
印　　刷	浙江天地海印刷有限公司
开　　本	710毫米×1000毫米　1/16
印　　张	15.5
字　　数	186千字
版　　次	2022年1月第2版
印　　次	2023年8月第2次
书　　号	ISBN 978-7-5429-6862-3/F
定　　价	39.00元

如有印订差错，请与本社联系调换

第二版前言

中等职业学校课程改革不断深化,在以就业为导向,以学生为主体,着眼于学生职业生涯发展,注重职业素养培养的职业教育理念推动下,我们进行了本电算化实训教材的编写。

本教材针对中等职业学校会计类专业的学生,以2021年最新税制为基础,体现了工作导向的理实一体化理念。

本教材以适应社会需求为目标,以提高学生的技术应用能力为主线,强化学生实操动手能力,培养掌握现代化管理手段的复合型、应用型、技能型人才。本教材注重贴近岗位实际,以工作流程为导向,精心设计实训操作业务,注重解决实践问题,培养学生的职业能力。

本教材模拟小型工业企业实际典型工作业务,以会计信息化软件作为平台,能强化学生的会计电算化基础能力、核心专业技术应用能力。这不仅能够提高学生财务一体化管理软件的基本操作技能,还能够提高学生的业务综合处理能力。本教材的实操内容可分解为建账、基础设置、工资设置、固定资产设置、总账期初设置和经济业务账务处理。每个任务又划分为若干个"理实一体化"任务;经济业务以原始凭证呈现,可给学生以最实际的学习内容。本教材的内容简单明了、结构清晰,有利于学生的自主、互助学习。

本教材由重庆市立信职业教育中心的龚渝、王淼担任主编,由重庆市立信职业教育中心的张链、赵爽、蔡锐以及重庆市江南职业学校的邹雨君担任副主编。由于经验不足,原始凭证内容繁多,难免有疏漏之处,敬请专家和教师批评指正。

龚 渝

2022年1月

目　　录

一、会计电算化综合实训的目的 …………………………………………… 001

二、会计电算化综合实训的步骤 …………………………………………… 002
　　（一）实训准备阶段 ……………………………………………………… 002
　　（二）模拟实训阶段 ……………………………………………………… 002
　　（三）实训总结报告阶段 ………………………………………………… 003

三、重庆新兴吸塑包装公司介绍 …………………………………………… 004
　　（一）重庆新兴吸塑包装公司基本情况 ………………………………… 004
　　（二）重庆新兴吸塑包装公司采用的会计政策和核算方法 …………… 004

四、重庆新兴吸塑包装公司资料 …………………………………………… 006
　　（一）建账信息 …………………………………………………………… 006
　　（二）基础设置的信息 …………………………………………………… 007
　　（三）工资设置的信息 …………………………………………………… 018
　　（四）固定资产设置信息 ………………………………………………… 023
　　（五）总账期初设置信息 ………………………………………………… 026
　　（六）重庆新兴吸塑包装公司2021年6月经济业务 …………………… 034

五、重庆新兴吸塑包装公司经济业务说明 ………………………………… 238

一、会计电算化综合实训的目的

为学生提供一本既体现中小型企业会计电算化操作技能,又体现中小型企业模拟应用案例的实训教材,让学生学有所用,一直是广大中等职业教育的会计电算化教师的心愿。

本教材是在学生学习会计电算化软件后,能基本利用针对中小型企业的会计电算化软件基础之上,为了培养学生的财务一体化综合运用能力,而编写的集软件功能与中小型工业企业会计业务案例为一体的会计电算化综合实训教材。考虑到针对中小型企业的财务软件比较多,本教材内容涵盖了会计电算化基本财务功能,以用友 T3 畅捷通财务软件为基础,同时适用于中小型企业类似的众多财务软件。

为达到培养学生会计电算化综合实训的目的,本教材所列举的重庆新兴吸塑包装公司虽然为一般纳税人,但取得的原始凭证也有增值税普通发票。这是为了让学生辨识增值税专用发票和增值税普通发票在实际纳税处理过程中的不同之处。

因此,本教材能使学生熟练运用会计电算化手段,全面、系统地掌握中小型工业企业的会计循环。具体而言,包括以下几个方面:

(1) 对中小型工业企业建账;
(2) 对中小型工业企业进行基础设置;
(3) 对中小型工业企业进行工资设置;
(4) 对中小型工业企业进行固定资产设置;
(5) 对中小型工业企业进行总账期初设置;
(6) 认识原始凭证,分析原始凭证所蕴含的经济业务,利用会计电算化手段进行账务处理;
(7) 学生能熟练运用财务软件,分析总账、明细账提供的相关会计数据。

二、会计电算化综合实训的步骤

(一) 实训准备阶段

实训准备阶段主要包括会计电算化软件操作技能准备和熟悉实验资料两个方面。

(1) 会计电算化软件操作技能准备。在进行会计电算化综合实训之前,学生必须具备基本的会计电算化软件操作能力,基本熟悉企业建账、基础设置、工资、固定资产、总账等模块的相关软件操作能力。

(2) 熟悉实验资料。主要熟悉模拟公司的基本情况、主要会计政策、主要税费、会计核算形式、公司会计信息化信息、期初资料、经济业务及有关说明事项。

(二) 模拟实训阶段

会计电算化综合实训的具体实验步骤如下:

(1) 公司建账。根据重庆新兴吸塑包装公司2021年6月份的建账信息,选择相应的会计制度进行建账。

(2) 设置公司的基础信息。根据重庆新兴吸塑包装公司部门、职员、客户、供应商、凭证类别、会计科目、结算方式等信息进行设置。

(3) 设置公司的工资信息。根据重庆新兴吸塑包装公司2021年6月份的业务控制参数,人员类别,代发工资银行名称,工资项目,工资公式设置,职工档案和基本工资数据,工资分摊,代扣个人社会保险,住房公积金和个人所得税,单位负责的社保和住房公积金分摊等信息进行设置。

(4) 设置公司的固定资产信息。根据重庆新兴吸塑包装公司2021年6月份的业务控制参数、资产类别、各部门对应计提折旧科目、增减方式对应科目、固定资产6月初资料等信息进行设置。

(5) 认识原始凭证,分析原始凭证所蕴含的经济意义,编制记账凭证。如果资料中涉及的自制原始凭证内容不全,工作人员需将其填写完整后再编制记账凭证。

(6)成本计算。分析重庆新兴吸塑包装公司2021年6月份相关的账簿信息,采用相应的方法,计算产品的成本,填制相应的成本计算表。

(7)出纳签字。

(8)对账、审核、记账、结账。

(9)编制会计报表。调用模板,设置报表格式,生成重庆新兴吸塑包装公司2021年6月"利润表""资产负债表"。

(三)实训总结报告阶段

要求实训者对会计电算化综合实训过程进行小结和评价,总结经验,找出不足并写出心得。

三、重庆新兴吸塑包装公司介绍

（一）重庆新兴吸塑包装公司基本情况

重庆新兴吸塑包装公司基本情况如表3-1所示。

表3-1　重庆新兴吸塑包装公司基本情况

企业名称	重庆新兴吸塑包装公司
法人代表	姚丽华
会计主管	李明
会　计	游敏
出　纳	何朗　身份证：500106198611272460 发证机关：重庆市公安局沙坪坝分局
住址、邮编	重庆市巴南区李家沱花溪工业园区立崧路8号 401320
电　话	87794455
纳税人识别号	500107543862784
开户银行	中国工商银行花溪工业园区支行
账　号	6687886666998854345
主营业务	生产、销售各类包装品

（二）重庆新兴吸塑包装公司采用的会计政策和核算方法

（1）公司执行《小企业会计准则》（2013年）和财政部颁发的《会计基础工作规范》、关于《会计基础工作规范》的说明。

（2）重庆市国家税务局认定该企业为一般纳税人企业，增值税税率13%，城市维护建设税税率7%，教育费附加率3%，地方教育附加率2%，企业所得税税率25%（企业所得税实行查账计征的方法，按季计算并预缴、年终汇算清缴）。

（3）存货按实际成本计价，发出材料成本采用移动加权平均法计算。自制产品和委托加工产品分别采用月末一次加权平均法核算。发出产品时，先发出委托加工产品，然后自制产品。月末计算单位产成品成本时需要考虑委托加工入库产品成本。本公司主要产品为PVC内托和PS植绒内托，主要直接材料是PVC片材和PS植绒片材。生产过程中材料为一次投料，塑料薄膜和纸箱为产品包装材料，领用时计入产品生产成本。

（4）工资的个人所得税按最新税率计算代扣代缴。社会保险和住房公积金以"应发合计"为计算基础。社会保险计缴比例如表3-2所示。

表3-2 重庆市2021年社会保险缴纳标准

项目	企业缴费比例	个人缴费比例
养老保险	16%	8%
失业保险	0.5%	0.5%
工伤保险	0.6%	—
生育保险	0.5%	—
基本医疗	8%	2%
大额补助	1.5%	5元
缴费比例合计	27.1%	10.5%+5元

住房公积金缴费比例：单位和个人缴费比例分别为8%。

职工福利相关费用在发生时直接计入"应付职工薪酬——福利费"，月末按照受益对象结转，其中生产工人相关福利费用计入"制造费用"。

（5）固定资产折旧采用年限平均法计算，按个别折旧率计提折旧。

（6）各种要素费用在月末进行分配。

（7）产品按"品种法"计算成本。

注意：

（1）职工个人应缴纳的社会保险、住房公积金由企业每月代扣代缴。

（2）分配率保留小数点后2位，其余计算结果也保留小数点后2位。

四、重庆新兴吸塑包装公司资料

(一) 建账信息

1. 公司用户及权限

公司用户及权限如表 4-1 所示。

表 4-1　公司用户及权限

编号	姓名	岗位	职责
01	李　明	账套主管	全部权限
02	游　敏	会计员	拥有权限:公用目录设置、固定资产、工资、往来、财务报表、项目管理、应收、应付、总账中除"审核凭证""出纳签字"和"恢复记账前状态"外所有的权限
03	何　朗	出纳员	总账中的出纳签字、现金管理

注:工资类别主管权限设置,在工资模块中设置游敏负责本公司所有工资类别核算。

2. 账套基本信息

账套名称:重庆新兴吸塑包装公司;

启用期间:2021 年 06 月;

单位名称:重庆新兴吸塑包装公司;

单位简称:新兴吸塑包装;

企业类型:工业;

行业性质:小企业会计准则(2013 年)(按行业性质预置科目);

账套主管:李明;

基础信息:存货、供应商、客户均分类,无外币核算;

编码方案:科目编码42222,客户分类编码级次222,部门编码级次122,结算方式编码级次12;

启用模块:总账、工资、固定资产;

启用日期:2021 年 06 月 01 日。

(二)基础设置的信息

1. 部门档案

部门档案如表4-2所示。

表4-2 部门档案

编号	部门名称	编号	部门名称
1	行政部	4	销售部
2	财务部	5	采购部
3	生产车间	6	仓储部

2. 职员档案

职员档案如表4-3所示。

表4-3 职员档案

编号	姓名	所属部门	编号	姓名	所属部门
101	姚丽华	行政部	309	吴芳	生产车间
102	叶春	行政部	310	杜江海	生产车间
103	陈飞	行政部	311	林林玲	生产车间
201	李明	财务部	312	黄莹	生产车间
202	游敏	财务部	313	黄德	生产车间
203	何朗	财务部	401	蒋浩	销售部
204	李斯敏	财务部	402	刘悦	销售部
301	张敏	生产车间	403	陈德纲	销售部
302	周芳	生产车间	404	吴华	销售部
303	王新月	生产车间	405	曾仕	销售部
304	张开慧	生产车间	501	赵辉	采购部
305	朱强	生产车间	502	曾小明	采购部
306	汪明	生产车间	601	张慧洁	仓储部
307	邓媚	生产车间	602	张悦	仓储部
308	汪莉	生产车间	603	王亚楠	仓储部

3. 客户档案

(1) 客户分类如表 4-4 所示。

表 4-4 客户分类

分类编码	分类名称
01	西南
02	中部
03	东部

(2) 客户档案如表 4-5 所示。

表 4-5 客户档案

客户编码	客户名称	客户简称	分类编码	地址	纳税人登记号	开户银行	账号	电话
101	重庆鑫福工具制造公司	重庆鑫福	01	重庆市北碚区劳动村15号	110256847935551	农业银行劳动村支行	5345787849122221	66580092
102	重庆小圣汽车配件发展有限公司	重庆小圣	01	重庆市南岸区江南大道29号	878567423198135	工商银行江南大道支行	4566776663248989233	65948273
103	重庆诗圣酒业股份有限公司	重庆诗圣	01	重庆市南岸区南山街道文峰街118号	137843467238334	中国银行文峰新街支行	6666764422123324900	66558793
104	贵阳浩明光学有限公司	贵阳浩明	01	贵州省贵阳市云岩区新建路12号	434257765521281	工商银行新建路支行	6332316883832499	54635890

（续表）

客户编码	客户名称	客户简称	分类码	地址	纳税人登记号	开户银行	账号	电话
105	重庆光明吸塑包装公司	重庆光明	01	重庆市沙坪坝区小龙坎新街12号	4342577655556776	工商银行小龙坎新街支行	6332346666676565	67865743
201	武汉市三富机电制造有限公司	武汉三富	02	湖北省武汉市团结路112号	5576489321456315	农业银行武汉市团结路支行	4675896873452314	88453126
202	陕西达成电子科技有限公司	陕西达成	02	陕西省西安市大街路789号	5644332189753365	中国银行西安市大街支行	5467677222246677	55448890
301	浙江康德五金加工制造有限公司	浙江康德	03	浙江省杭州市杭州路45号	8844459334564555	中国银行永康支行	3236737788337789	88445931

4. 供应商档案

（1）供应商分类如表4-6所示。

表4-6 供应商分类

分类编码	分类名称
01	西南
02	中部
03	东部

(2) 供应商档案如表 4-7 所示。

表 4-7 供应商档案

编码	供应商名称	供应商简称	分类码	地址	纳税人登记号	开户银行	银行账号	电话
101	成都欣旺塑胶有限公司	成都欣旺	01	四川省成都市青羊区五丁街25号	573874898923971	工商银行五丁街支行	1122678899037434 66	77854567
102	重庆江南塑胶有限公司	重庆江南	01	九龙坡区南湖路正街2栋6-5	434787846348 3	工商银行九龙广场支行	64332466666 48783	89003244
103	重庆南通机械厂	南通机械	01	重庆市渝北区人和街35号	502040832145990	工商银行渝北区支行	66550066660 08900	67869931
104	重庆红星工厂	红星工厂	01	重庆市北碚区大洋路34号	502040853144574	工商银行北碚支行	6655006666058 969	66543275
105	国网重庆电力有限公司巴南供电公司	巴南供电公司	01	重庆市巴南区巴支路18号	500345558445 63	工商银行巴南区支行	67878666209 98 1231	66788971
106	重庆巴南水务有限公司	巴南水务	01	重庆市巴南区巴支路145号	500345558445 63	工商银行巴南区支行	67877866620998 5679	66788940
201	湖北武汉大胜塑业有限公司	湖北大胜	02	湖北武汉市路瑜路79号	884431135467832	中国银行珞瑜路支行	456141655 78670	69876654
202	湖南胜航包装材料有限公司	湖南胜航	02	湖南省常德市群众大道199号	445687678905645	建设银行群众路支行	5563223345 321154	54876739
301	江苏昆山大宁塑胶厂	江苏昆山	03	江苏昆山市大东路178号	884643143245678	中国银行大东路支行	6756345652 37864	77653428
302	深圳旺群植绒有限公司	深圳旺群	03	深圳市福田区福强路18号	576832899567 89	中国银行福强路支行	8897978476 31155	86870564

5. 凭证类别

凭证类别:记账凭证。

6. 会计科目表

会计科目表如表 4-8 所示(如有需要可自行设置明细科目)。

表 4-8 会计科目表

科目代码	科目名称	明细科目	辅助核算	余额方向	计量单位
1001	库存现金		日记账	借	
1002	银行存款		银行账日记账	借	
100201		工行存款	银行账日记账	借	
1012	其他货币资金			借	
101201		银行汇票存款		借	
101202		存出投资款		借	
1121	应收票据			借	
112101		重庆市诗圣酒业股份有限公司		借	
112102		武汉市三富机电制造有限公司		借	
112103		重庆鑫福工具制造公司		借	
112104		陕西达成电子科技有限公司		借	
112105		重庆光明吸塑包装公司		借	
1122	应收账款		客户往来	借	
1123	预付账款			借	
1221	其他应收款			借	
122101		部门个人借款	个人往来	借	
122102		押金		借	
1402	在途物资			借	
140201		PVC 片材		借	
140202		PS 植绒片材		借	
140203		塑料薄膜		借	
1403	原材料			借	
140301		PVC 片材	数量核算	借	吨

(续表)

科目代码	科目名称	明细科目	辅助核算	余额方向	计量单位
140302		PS植绒片材	数量核算	借	吨
1405	库存商品			借	
140501		直接材料	项目核算 数量核算	借	个
140502		直接人工	项目核算 数量核算	借	个
140503		制造费用转入	项目核算 数量核算	借	个
140504		委托加工产品		借	
14050401		PVC内托	数量核算	借	个
14050402		PS植绒内托	数量核算	借	个
1408	委托加工物资			借	
140801		PVC内托		借	
140802		PS植绒内托		借	
1411	周转材料			借	
141101		包装物		借	
14110101		纸箱	数量核算	借	个
14110102		塑料薄膜	数量核算	借	千克
1601	固定资产			借	
1602	累计折旧			贷	
1604	在建工程			借	
1606	固定资产清理			借	
1701	无形资产			借	
170101		商标权		借	
170102		专利技术		借	
170103		非专利技术		借	
1702	累计摊销			贷	
1901	待处理财产损溢			借	

(续表)

科目代码	科目名称	明细科目	辅助核算	余额方向	计量单位
190101		待处理流动资产损溢		借	
190102		待处理固定资产损溢		借	
2001	短期借款			贷	
2201	应付票据			贷	
220101		成都欣旺塑胶有限公司		贷	
2202	应付账款			贷	
220201		应付货款	供应商往来	贷	
220202		暂估应付款		贷	
2203	预收账款			贷	
220301		重庆市诗圣酒业股份有限公司		贷	
2241	其他应付款			贷	
224101		存入保证金		贷	
224102		应付住房公积金		贷	
224103		应付养老保险		贷	
224104		应付失业保险		贷	
224105		应付医疗保险		贷	
2211	应付职工薪酬			贷	
221101		工资		贷	
221102		福利费		贷	
221103		社会保险费		贷	
221104		住房公积金		贷	
2221	应交税费			贷	
222101		应交增值税		贷	
22210101		进项税额		贷	
22210102		销项税额		贷	
22210103		进项税额转出		贷	
22210104		转出未交增值税		贷	

(续表)

科目代码	科目名称	明细科目	辅助核算	余额方向	计量单位
22210105		销项税额抵减		贷	
222102		未交增值税		贷	
222103		预交增值税		贷	
222104		待抵扣进项税额		贷	
222105		待认证进项税额		贷	
222106		待转销项税额		贷	
222107		增值税留抵税额		贷	
222108		代扣代缴增值税		贷	
222109		应交所得税		贷	
222110		应交城建税		贷	
222111		应交个人所得税		贷	
222112		教育费附加		贷	
222113		地方教育附加		贷	
3001	实收资本			贷	
300101		姚丽华		贷	
300102		叶春		贷	
300103		王华		贷	
3002	资本公积			贷	
3101	盈余公积			贷	
310101		法定盈余公积		贷	
310102		任意盈余公积		贷	
3104	利润分配			贷	
310401		未分配利润		贷	
3103	本年利润			贷	
4001	生产成本			借	
400101		直接材料	项目核算	借	
400102		直接人工	项目核算	借	

(续表)

科目代码	科目名称	明细科目	辅助核算	余额方向	计量单位
400103		制造费用转入	项目核算	借	
4101	制造费用			借	
5001	主营业务收入			贷	
500101		PVC内托		贷	
500102		PS植绒内托		贷	
5051	其他业务收入			贷	
5401	主营业务成本			借	
540101		PVC内托		借	
540102		PS植绒内托		借	
5402	其他业务成本			借	
5403	税金及附加			借	
5601	销售费用			借	
560101		商品维修费		借	
560102		广告费		借	
560103		业务宣传费		借	
560104		运输费		借	
560105		通信费		借	
560107		工资		借	
560108		折旧		借	
560109		办公费		借	
560110		水电费		借	
560111		其他		借	
5602	管理费用			借	
560201		开办费		借	
560202		业务招待费		借	
560203		研发费用		借	
560204		交通费		借	

(续表)

科目代码	科目名称	明细科目	辅助核算	余额方向	计量单位
560205		通信费		借	
560206		水电费		借	
560207		房屋租赁费		借	
560208		员工活动费		借	
560209		工资		借	
560210		折旧		借	
560211		无形资产摊销		借	
560212		差旅费		借	
560213		办公费		借	
560214		其他		借	
5603	财务费用			借	
560301		利息费用		借	
560302		手续费用		借	
560303		现金折扣		借	
5301	营业外收入			贷	
530101		收回的坏账损失		贷	
530102		无法支付的应付账款		贷	
530103		捐赠所得		贷	
530104		盘盈		贷	
530105		其他		贷	
5711	营业外支出			借	
571101		坏账损失		借	
571102		自然灾害等不可抗力因素造成的损失		借	
571103		捐赠支出		借	
571104		盘亏		借	
571105		其他		借	
5801	所得税费用			借	

7. 项目目录

项目目录如表 4-9 所示。

表 4-9 项目目录

项目	生产成本		库存商品	
	PVC 内托	PS 植绒内托	PVC 内托	PS 植绒内托
400101 直接材料	√	√	×	×
400102 直接人工	√	√	×	×
400103 制造费用转入	√	√	×	×
140501 直接材料	×	×	√	√
140502 直接人工	×	×	√	√
140503 制造费用转入	×	×	√	√

8. 结算方式

结算方式如表 4-10 所示。

表 4-10 结算方式

结算方式编码	结算方式名称	票据管理
1	现金结算	否
2	支票结算	是
201	现金支票	是
202	转账支票	是
3	银行汇票	是
4	商业汇票	是
401	商业承兑汇票	是
402	银行承兑汇票	是
5	电子缴税回单	否
6	汇兑	否
601	信汇	否
602	电汇	否
7	特转借方凭证	否
8	其他	否

（三）工资设置的信息

1. 工资系统初始化数据

（1）业务控制参数：①工资类别个数：单个；②核算币种：人民币（RMB）；③要求代扣个人所得税，不进行扣零处理；④人员编码长度：3位；⑤启用日期：2021年6月1日；⑥其他为默认值。

（2）人员类别设置：行政人员、财务人员、采购人员、仓库管理员、销售人员、生产人员-PVC内托、生产人员-PS植绒内托。

（3）代发工资银行名称设置：工行花溪工业园区支行，账号定长为10位。

（4）工资项目表如表4-11所示。

表4-11 工资项目表

项目名称	类别	长度	小数位数	工资增减项
基本工资	数字	8	2	增项
津贴	数字	8	2	增项
奖金	数字	8	2	增项
请假天数	数字	8	2	其他
请假扣款	数字	8	2	减项
应发合计	数字	10	2	增项
养老保险	数字	8	2	减项
失业保险	数字	8	2	减项
医疗保险	数字	8	2	减项
住房公积金	数字	8	2	减项
税前工资	数字	8	2	其他
专项附加扣除	数字	8	2	其他
计税基数	数字	8	2	其他
代扣税	数字	10	2	减项
扣款合计	数字	8	2	减项
实发合计	数字	10	2	增项

(5) 工资公式设置如表 4-12 所示。

表 4-12　工资公式设置

基本工资	行政部门 5 500 元,财务部门和销售部门 5 000 元,生产车间和采购部 4 500 元,仓储部 4 000 元。(采用 iff 函数进行设置)iff(部门="行政部",5500,iff(部门="财务部" or 部门="销售部",5000,iff(部门="生产车间" or 部门="采购部",(4500,iff(部门="仓储部",4000))))
津贴	行政部门 2 000 元,财务部门和销售部门 1 500 元,生产车间和采购部 1 000 元,仓储部 800 元。(采用 iff 函数进行设置)
养老保险	应发合计 * 8/100
失业保险	应发合计 * 0.5/100
医疗保险(含大额补助)	应发合计 * 2/(100+5)
住房公积金	应发合计 * 8/100
请假扣款	请假天数 * 20
应发合计	基本工资+奖金+津贴-请假扣款
税前工资	应发合计-医疗保险-养老保险-失业保险-住房公积金
计税基数	税前工资-专项附加扣除
扣款合计	医疗保险+养老保险+失业保险+住房公积金+代扣税
实发合计	应发合计-扣款合计

注:个人所得税计税基数 5 000,个税扣缴项目为"计税基数"。

(6) 人员档案及工资数据表如表 4-13 所示。

表 4-13　人员档案及工资数据表

编号	姓名	人员类别	代发银行	账号
101	姚丽华	行政人员	工行花溪工业园区支行	4367342001
102	叶　春	行政人员	工行花溪工业园区支行	4367342002
103	陈　飞	行政人员	工行花溪工业园区支行	4367342003
201	李　明	财务人员	工行花溪工业园区支行	4367342004
202	游　敏	财务人员	工行花溪工业园区支行	4367342005

(续表)

编号	姓名	人员类别	代发银行	账号
203	何朗	财务人员	工行花溪工业园区支行	4367342006
204	李斯敏	财务人员	工行花溪工业园区支行	4367342007
301	张敏	生产人员-PVC内托	工行花溪工业园区支行	4367342008
302	周芳	生产人员-PVC内托	工行花溪工业园区支行	4367342009
303	王新月	生产人员-PVC内托	工行花溪工业园区支行	4367342010
304	张开慧	生产人员-PVC内托	工行花溪工业园区支行	4367342011
305	朱强	生产人员-PVC内托	工行花溪工业园区支行	4367342012
306	汪明	生产人员-PVC内托	工行花溪工业园区支行	4367342013
307	邓媚	生产人员-PS植绒内托	工行花溪工业园区支行	4367342014
308	汪莉	生产人员-PS植绒内托	工行花溪工业园区支行	4367342015
309	吴芳	生产人员-PS植绒内托	工行花溪工业园区支行	4367342016
310	杜江海	生产人员-PS植绒内托	工行花溪工业园区支行	4367342017
311	林林玲	生产人员-PS植绒内托	工行花溪工业园区支行	4367342018
312	黄莹	生产人员-PS植绒内托	工行花溪工业园区支行	4367342021
313	黄德	生产人员-PS植绒内托	工行花溪工业园区支行	4367342020
401	蒋浩	销售人员	工行花溪工业园区支行	4367342021
402	刘悦	销售人员	工行花溪工业园区支行	4367342022
403	陈德纲	销售人员	工行花溪工业园区支行	4367342023
404	吴华	销售人员	工行花溪工业园区支行	4367342024
405	曾仕	销售人员	工行花溪工业园区支行	4367342025
501	赵辉	采购人员	工行花溪工业园区支行	4367342026
502	曾小明	采购人员	工行花溪工业园区支行	4367342027
601	张慧洁	仓库管理员	工行花溪工业园区支行	4367342028
602	张悦	仓库管理员	工行花溪工业园区支行	4367342029
603	王亚楠	仓库管理员	工行花溪工业园区支行	4367342030

注：所有人员均为中方人员，均进行计税。

(7) 工资分摊设置表如表4-14所示。

表4-14 工资分配设置表

项目		分摊项目：应发合计　分摊比例：100%	
		借方科目	贷方科目
行政部	行政人员	管理费用——工资（560209）	应付职工薪酬——工资（221101）
财务部	财务财务	管理费用——工资（560209）	
采购部	采购人员	管理费用——工资（560209）	
仓储部	仓库管理员	管理费用——工资（560209）	
销售部	销售人员	销售费用——工资（560107）	
生产车间	生产人员-PVC内托	生产成本——直接人工	
生产车间	生产人员-PS植绒内托	生产成本——直接人工	

(8) 代扣个人社会保险费、住房公积金和个人所得税设置表，如表4-15所示。

表4-15 代扣个人社会保险费、住房公积金和个人所得税设置表

项目	代扣养老保险		代扣失业保险		代扣医疗保险		代扣住房公积金		代扣个人所得税	
	分摊项目：养老保险 比例：100%		分摊项目：失业保险 比例：100%		分摊项目：医疗保险 比例：100%		分摊项目：住房公积金 比例：100%		分摊项目：代扣税 比例：100%	
	借方科目	贷方科目	借方科目	贷方科目	借方科目	贷方科目	借方科目	贷方科目	借方科目	贷方科目
行政人员	应付职工薪酬——工资（221101）	其他应付款——应付养老保险（224103）	应付职工薪酬——工资（221101）	其他应付款——应付失业保险（224104）	应付职工薪酬——工资（221101）	其他应付款——应付医疗保险（224105）	应付职工薪酬——工资（221101）	其他应付款——应付住房公积金（224102）	应付职工薪酬——工资（221101）	应交税费——应交个人所得税（222111）
财务人员										
采购人员										
仓库管理员										
销售人员										
生产人员-PVC内托										
生产人员-PS植绒内托										

(9) 单位负责的社会保险和住房公积金分摊设置表如表 4-16 所示。

表 4-16 单位负责的社会保险和住房公积金分摊设置表

项目		行政人员	财务人员	采购人员	仓库管理员	销售人员	PVC内托	PS植绒内托
养老保险	借方科目 分摊项目： 应发合计 比例：16%	管理费用——工资(560209)	管理费用——工资(560209)	管理费用——工资(560209)	管理费用——工资(560209)	销售费用——工资(560107)	生产成本——直接人工(400102)	生产成本——直接人工(400102)
	贷方科目	应付职工薪酬——社保(221103)						
失业保险	借方科目 分摊项目： 应发合计 比例：0.5%	管理费用				销售费用——工资(560107)	生产成本	直接人工(400102)
	贷方科目	应付职工薪酬——社保(221103)						
医疗保险 (含生育保险、 大额补助)	借方科目 分摊项目： 应发合计 比例：10%	管理费用				销售费用——工资(560107)	生产成本	直接人工(400102)
	贷方科目	应付职工薪酬——社保(221103)						
住房公积金	借方科目 分摊项目： 应发合计 比例：8%	管理费用				销售费用——工资(560107)	生产成本	直接人工(400102)
	贷方科目	应付职工薪酬——住房公积金(221104)						
工伤保险	借方科目 分摊项目： 应发合计 比例：0.6%	管理费用				销售费用——工资(560107)	生产成本	直接人工(400102)
	贷方科目	应付职工薪酬——社保(221103)						

（四）固定资产设置信息

1. 固定资产期初设置

（1）业务控制参数如表4-17所示。

表4-17 业务控制参数

控制参数	参数设置
启用月份	2021.6
折旧信息	本年账套计提折旧： 折旧方法：平均年限法（一） 折旧汇总分配周期：1个月 当(月初已计提月份＝可使用月份－1)时，将剩余折旧全部提足
编码方式	固定资产类别编码方式：2-1-1-2； 固定资产编码方式：按"类别编码＋序号"自动编码，卡片序号长度为3
财务接口	要求与总账系统进行对账，业务发生后立即制单 对账科目：固定资产对账科目，"1601 固定资产" 累计折旧对账科目："1602 累计折旧"
补充参数	月末结账前一定要完成制单登账业务； 固定资产缺省入账科目"1601 固定资产" 累计折旧缺省入账科目"1602 累计折旧" 可纳税调整的增加方式有"直接购入" 可抵扣税额入账科目："应交税费——应交增值税（进项税额）"
其他要求	对账不平衡的情况下不允许月末结账

（2）资产类别的设置如表4-18所示。

表4-18 资产类别的设置

编码	类别名称	净残值率	计提属性	折旧方法
01	建筑物	4%	正常计提	平均年限法
02	生产设备	4%	正常计提	平均年限法
03	办公设施	4%	正常计提	平均年限法

(3) 部门对应计提折旧科目的设置如表 4-19 所示。

表 4-19　部门对应计提折旧科目的设置

部门	对应计提折旧科目
行政部	管理费用——折旧(560210)
财务部	管理费用——折旧(560210)
生产车间	制造费用(4101)
销售部	销售费用——折旧(560108)
采购部	管理费用——折旧(560210)
仓储部	管理费用——折旧(560210)

(4) 增减方式对应科目的设置如表 4-20 所示。

表 4-20　增减方式对应科目的设置

增减方式目录	对应入账科目
增加方式	—
直接购入	银行存款——工行存款(100201)
投资者投入	实收资本——王华(300103)
接受捐赠	营业外收入——捐赠所得(530103)
盘盈	待处理财产损溢(1901)
在建工程	在建工程(1604)
减少方式	—
出售	固定资产清理(1606)
盘亏	待处理财产损溢(1901)
捐赠转出	固定资产清理(1606)
报废	固定资产清理(1606)
毁损	固定资产清理(1606)

(5) 2021年6月初固定资产资料如表4-21所示。

表4-21 2021年6月初固定资产资料

名称	厂房	吸塑机	折边机	液压截断机	空压机	打板机	打印一体机	电脑1	电脑2	电脑3
类别	建筑物	生产设备	生产设备	生产设备	生产设备	生产设备	办公设施	办公设施	办公设施	办公设施
残值率	4%	4%	4%	4%	4%	4%	4%	4%	4%	4%
使用部门	生产车间	生产车间	生产车间	生产车间	生产车间	生产车间	财务部	行政部	财务部	财务部
入账日期	2018-3-1	2018-4-1	2018-5-1	2018-4-1	2018-4-1	2018-5-1	2018-4-1	2018-4-1	2018-4-1	2018-4-1
增加方式	直接购入	直接购入	直接购入	直接购入	直接购入	直接购入	直接购入	直接购入	直接购入	直接购入
原值	500 000	200 000	5 000	35 000	10 000	6 000	2 000	12 000	12 000	12 000
折旧方法	平均年限法	平均年限法	平均年限法	平均年限法	平均年限法	平均年限法	平均年限法	平均年限法	平均年限法	平均年限法
预计使用年限	50年	10年	10年	10年	10年	6年	6年	6年	6年	6年
对应折旧科目	制造费用	制造费用	制造费用	制造费用	制造费用	制造费用	管理费用	管理费用	管理费用	管理费用
累计折旧	30 400	59 200	1 440	10 360	2 960	2 880	986.79	5 920	5 920	5 920

（五）总账期初设置信息

1. 总账参数设置

总账参数如表 4-22 所示。

表 4-22　总账参数

编号	参数设置
1	制单序时控制；资金及往来赤字控制；可以使用其他系统受控科目；允许查看他人填制的凭证；允许修改、作废他人填制的凭证
2	凭证系统编号
3	出纳凭证必须由出纳签字

注：其他选项保留系统默认设置。

2. 期初余额及相关账户累计发生额

期初余额及相关累计发生额如表 4-23 所示。

表 4-23　期初余额及相关累计发生额

单位：元

科目代码	科目名称	明细科目	1~5月累计发生额	借方余额	贷方余额
1001	库存现金			15 527.35	
1002	银行存款			1 158 936.16	
100201		工行存款		1 158 936.16	
1012	其他货币资金			35 000.00	
101201		银行汇票存款			
101202		存出投资款		35 000.00	
1121	应收票据			408 000.00	
112101		重庆市诗圣酒业股份有限公司		158 000.00	
112102		武汉市三富机电制造有限公司		50 000.00	
112103		重庆鑫福工具制造公司			
112104		陕西达成电子科技有限公司			

(续表)

科目代码	科目名称	明细科目	1~5月累计发生额	借方余额	贷方余额
112105		重庆光明吸塑包装公司		200 000.00	
1122	应收账款			68 000.00	
1123	预付账款				
1221	其他应收款			1 000.00	
122101		部门个人借款		1 000.00	
122102		押金			
1403	原材料			182 850.00	
140301		PVC 片材		78 850.00	
140302		PS 植绒片材		104 000.00	
1405	库存商品			308 490.00	
140501		直接材料		215 943.00	
140502		直接人工		61 698.00	
140503		制造费用转入		30 849.00	
140504		委托加工产品			
14050401		PVC 内托			
14050402		PS 植绒内托			
1408	委托加工物资				
140801		PVC 内托			
140802		PS 植绒内托			
1411	周转材料			1 540.00	
141101		包装物		1 540.00	
14110101		纸箱		100.00	
14110102		塑料薄膜		1 440.00	
1601	固定资产			794 000.00	
1602	累计折旧				197 106.67
1604	在建工程				
1606	固定资产清理				

(续表)

科目代码	科目名称	明细科目	1~5月累计发生额	借方余额	贷方余额
1701	无形资产			60 000.00	
170101		商标权		60 000.00	
170102		专利技术			
170103		非专利技术			
1702	累计摊销				24 000.00
1901	待处理财产损溢				
190101		待处理流动资产损溢			
190102		待处理固定资产损溢			
2001	短期借款				80 000.00
2201	应付票据				
220101		成都欣旺塑胶有限公司			
2202	应付账款				101 915.47
220201		应付货款			101 915.47
220202		暂估应付款			
2203	预收账款				
220301		重庆市诗圣酒业股份有限公司			
2241	其他应付款				38 559.70
224101		存入保证金			
224102		应付住房公积金			16 609.6
224103		应付养老保险			16 609.6
224104		应付失业保险			1 038.10
224105		应付医疗保险			4 302.40
2211	应付职工薪酬				241 866.42
221101		工资			168 991.8

(续表)

科目代码	科目名称	明细科目	1~5月累计发生额	借方余额	贷方余额
221102		福利费			
221103		社会保险费			56 265.02
221104		住房公积金			16 609.6
2221	应交税费				6 781.43
222101		应交增值税			
22210101		进项税额			
22210102		销项税额			
22210103		进项税额转出			
22210104		转出未交增值税			
22210105		销项税额抵减			
222102		未交增值税			6 000.00
222103		预交增值税			
222104		待抵扣进项税额			
222105		待认证进项税额			
222106		待转销项税额			
222107		增值税留抵税额			
222108		代扣代缴增值税			
222109		应交所得税			
222110		应交城建税			420.00
222111		应交个人所得税			61.43
222112		教育费附加			180.00
222113		地方教育附加			120.00
3001	实收资本				1 880 000.00
300101		姚丽华			1 000 000.00
300102		叶春			880 000.00
300103		王华			
3002	资本公积				10 000.00

(续表)

科目代码	科目名称	明细科目	1~5月累计发生额	借方余额	贷方余额
3101	盈余公积				8 758.52
310101		法定盈余公积			8 758.52
310102		任意盈余公积			
3104	利润分配				6 243.97
310415		未分配利润			6 243.97
3103	本年利润				451 504.26
4001	生产成本		13 400.00		
400101		直接材料	7 600.00		
400102		直接人工	4 500.00		
400103		制造费用转入	1 300.00		
4101	制造费用				
5001	主营业务收入		1 821 123.56		
500101		PVC内托	1 021 000.00		
500102		PS植绒内托	800 123.56		
5051	其他业务收入		23 000.00		
5401	主营业务成本		1 034 567.98		
540101		PVC内托	571 760.00		
540102		PS植绒内托	462 807.98		
5402	其他业务成本		17 890.00		
5403	税金及附加		8 213.23		
5601	销售费用		44 606.00		
560101		商品维修费			
560102		广告费	5 472.00		
560103		业务宣传费			
560104		运输费	4 516.00		
560105		通信费	2 318.00		

(续表)

科目代码	科目名称	明细科目	1~5月累计发生额	借方余额	贷方余额
560107		工资	32 300.00		
560108		折旧			
560109		办公费			
560111		其他			
5602	管理费用		195 515.41		
560201		开办费			
560202		业务招待费	3 293.00		
560203		研发费用			
560204		交通费	5 643.62		
560205		通信费	632.00		
560206		水电费	987.67		
560207		房屋租赁费	24 000.00		
560208		员工活动费			
560209		工资	82 342.78		
560210		折旧	58 773.34		
560211		无形资产摊销	12 000.00		
560212		差旅费	7 843.00		
560213		办公费			
560214		其他			
5603	财务费用		5 438.90		
560301		利息费用	5 438.90		
560302		手续费用			
560303		现金折扣			
5301	营业外收入		5 439.00		
530101		收回的坏账损失	1 439.00		
530102		无法支付的应付账款	4 000.00		

(续表)

科目代码	科目名称	明细科目	1~5月累计发生额	借方余额	贷方余额
530103		捐赠所得			
530104		盘盈			
530105		其他			
5711	营业外支出		4 326.78		
571101		坏账损失	2 326.78		
571102		自然灾害等不可抗力因素造成的损失	1 000.00		
571103		捐赠支出	1 000.00		
571104		盘亏			
571105		其他			
5801	所得税费用		87 500.00		
		合 计		2 837 886.42	2 837 886.42

3. 有关明细科目期初余额

（1）应收账款明细表（一）如表 4-24 所示。

表 4-24 应收账款明细表（一）

单位：元

日期	客户	摘要	方向	付款条件	金额
2021.2.18	武汉市三富机电制造有限公司	货款	借	无	68 000.00

（2）应付账款明细表（二）如表 4-25 所示。

表 4-25 应付账款明细表（二）

单位：元

日期	供应商	摘要	方向	金额
2021.2.8	重庆红星工厂	期初	贷	23 400.00
2021.5.20	深圳旺群植绒有限公司	期初	贷	11 700.00
2021.5.25	巴南供电公司	期初	贷	51 096.50
2021.5.25	巴南水务公司	期初	贷	15 718.97

(3) 其他应收款明细表如表 4-26 所示。

表 4-26 其他应收款明细表

单位:元

日期	个人	摘要	方向	金额
2021.5.20	曾小明	出差借款	借	1 000.00

(4) 原材料期初余额如表 4-27 所示。

表 4-27 原材料期初余额

项目		方向	明细
PVC 片材	数量核算	借	数量:8.3 吨 单价:9 500 元/吨 金额:78 850.00 元
PS 植绒片材		借	数量:8 吨 单价:13 000 元/吨 金额:104 000.00 元

(5) 周转材料期初余额如表 4-28 所示。

表 4-28 周转材料期初余额

项目		方向	明细
塑料薄膜	数量核算	借	数量:120 千克 单价:12 元/千克 金额:1 440.00 元
纸箱		借	数量:20 个 单价:5 元/个 金额:100.00 元

(6) 生产成本期初余额如表 4-29 所示。

表 4-29 生产成本期初余额

单位:元

项目	方向	金额	明细
PVC 内托	借	13 400.00	直接材料 7 600.00 直接人工 4 500.00 制造费用 1 300.00

(7) 库存商品期初明细科目余额如表 4-30 所示。

表 4-30　库存商品期初明细科目余额

项目	方向	明细	
PVC 内托	借	数量：68 680 个	
		单位成本：1.25 元/个	直接材料成本：0.875 元/个
			直接人工成本：0.25 元/个
			制造费用成本：0.125 元/个
		金额：85 850 元	
PS 植绒内托	借	数量：92 000 个	
		单位成本：2.42 元/个	直接材料成本：1.694 元/个
			直接人工成本：0.484 元/个
			制造费用成本：0.242 元/个
		金额：222 640 元	

（六）重庆新兴吸塑包装公司 2021 年 6 月经济业务

学生识别原始凭证，分析经济业务，了解需要运用的会计电算化模块，填制记账凭证，审核、记账、结账，生成财务报表。打印记账凭证、账簿，装订记账凭证、账簿。

【业务 1】

中国工商银行（渝）
转账支票存根
Ⅸ Ⅱ 30122334
附加信息_____
出票日期 2021 年 6 月 1 日

收款人：	深圳旺群植绒有限公司
金　额：	¥11300.00
用　途：	贷款
备　注：	

单位主管：李明　会计：游敏

【业务2】

2-1

四川增值税专用发票

5001065035　　　　　　　　　　　　　　　　No. 5000692223

开票日期：2021年06月01日

购货单位	名　称：重庆新兴吸塑包装公司 纳税人识别号：500107543862784 地址、电话：李家沱花溪工业园区立稔路8号 87794455 开户行及账号：工商银行花溪工业园区支行 6687886666998854345	密码区	517766<98/198533204+<<<-123 63<+64<->876*98</8765*369+/ />+216>2>7/3-+47561<>786-/2 +782-/5432<4*-34>>>+923*345

货物或应税劳务的名称	规格型号	单位	数量	单价	金额	税率	税额
PVC片材		吨	5	9800.00	49000.00	13%	6370.00
合计					¥49000.00		¥6370.00

价税合计(大写)	伍万伍仟叁佰柒拾元整	¥55370.00

销货单位	名　称：成都欣旺塑胶有限公司 纳税人识别号：573874898923971 地址、电话：四川省成都市青羊区五丁街25号 77854567 开户行及账号：工商银行五丁街支行 1122678899903743466	备注	

收款人：　　　复核：　　　开票人：李威　　　销货单位（章）：

第二联 抵扣联 购货方抵扣凭证

2-2

四川增值税专用发票

5001065035　　　　　　　　　　　　　　　　No. 5000692223

开票日期：2021年06月01日

购货单位	名　称：重庆新兴吸塑包装公司 纳税人识别号：500107543862784 地址、电话：李家沱花溪工业园区立稔路8号 87794455 开户行及账号：工商银行花溪工业园区支行 6687886666998854345	密码区	517766<98/198533204+<<<-123 63<+64<->876*98</8765*369+/ />+216>2>7/3-+47561<>786-/2 +782-/5432<4*-34>>>+923*345

货物或应税劳务的名称	规格型号	单位	数量	单价	金额	税率	税额
PVC片材		吨	5	9800.00	49000.00	13%	6370.00
合计					¥49000.00		¥6370.00

价税合计(大写)	伍万伍仟叁佰柒拾元整	¥55370.00

销货单位	名　称：成都欣旺塑胶有限公司 纳税人识别号：573874898923971 地址、电话：四川省成都市青羊区五丁街25号 77854567 开户行及账号：工商银行五丁街支行 1122678899903743466	备注	

收款人：　　　复核：　　　开票人：李威　　　销货单位（章）：

第三联 发票联 购货方记账凭证

2-3

银行承兑汇票(存 根)　　3　20800360

出票日期 贰零贰壹年 陆 月 零壹日
（大写）　　　　　　　　37033028

出票人全称	重庆新兴吸塑包装公司	收款人	全称	成都欣旺塑胶有限公司
出票人账号	6687886666998854345		账号	1122678899903743466
付款行全称	工商银行花溪工业园区支行		开户银行	工商银行五丁街支行

出票金额	人民币（大写）伍万伍仟叁佰柒拾元整	亿	千	百	十	万	千	百	十	元	角	分
					¥	5	5	3	7	0	0	0

汇票到期日（大写）	贰零贰壹年玖月零壹日	付款行	行号	209303006831
承兑协议编号	33005E0514000		地址	重庆市巴南区李家沱花溪工业园区

本汇票请你行承兑，到期无条件付款

本汇票已经承兑，到期日由本行付款
承兑行签章
承兑日期 2021年 6月 1日

出票人签章　　　备注：

【业务3】

中国工商银行　　扣费凭证
2021年6月1日

账号	6687886666998854345	币种	
户名	重庆新兴吸塑包装公司		
收费项目 银行承兑手续费	金额 50.00		
合计	￥50.00	金额大写	伍拾元整
划款方式：转账			
摘　要：手续费	（银行盖章）		

记账柜员：2931

【业务4】

4-1

重庆增值税专用发票

5000133730 No. 01250039

开票日期：2021年06月02日

购货单位	名　　称：重庆新兴吸塑包装公司 纳税人识别号：500107543862784 地　址、电话：李家沱花溪工业园区立祝路8号 87794455 开户行及账号：工商银行花溪工业园区支行 　　　　　　　6687886666998854345	密码区	517766<98/198533204+<<<-100 63<+64<->876*98</8765*369+/ />+216)2>7/3-+47561<>786-/2 +782-/5432<4*-34>>+923*300

货物或应税劳务的名称	规格型号	单位	数量	单价	金额	税率	税额
运输服务		吨	5	170.00	850.00	9%	76.50
合计					￥850.00		￥76.50

价税合计（大写）：玖佰贰拾陆元伍角整　￥926.50

销货单位	名　　称：重庆顺风物流有限公司 纳税人识别号：60046677643400 地　址、电话：重庆市渝中区45号 67452200 开户行及账号：工商银行渝中区支行 　　　　　　　112267666690000	备注	

收款人：　　复核：　　开票人：陆天亮　　销货单位（章）：

4-2

重庆增值税专用发票

5000133730 No. 01250039

开票日期：2021年06月02日

购货单位	名　　称：重庆新兴吸塑包装公司 纳税人识别号：500107543862784 地　址、电话：李家沱花溪工业园区立祝路8号 87794455 开户行及账号：工商银行花溪工业园区支行 　　　　　　　6687886666998854345	密码区	517766<98/198533204+<<<-100 63<+64<->876*98</8765*369+/ />+216)2>7/3-+47561<>786-/2 +782-/5432<4*-34>>+923*300

货物或应税劳务的名称	规格型号	单位	数量	单价	金额	税率	税额
运输服务		吨	5	170.00	850.00	9%	76.50
合计					￥850.00		￥76.50

价税合计（大写）：玖佰贰拾陆元伍角整　￥926.50

销货单位	名　　称：重庆顺风物流有限公司 纳税人识别号：60046677643400 地　址、电话：重庆市渝中区45号 67452200 开户行及账号：工商银行渝中区支行 　　　　　　　112267666690000	备注	

收款人：　　复核：　　开票人：李威　　销货单位（章）：

4-3

收 据
2021 年 6 月 2 日　　　　　NO 2013005

今收到　重庆新兴吸塑包装公司运输费

金额（大写）玖佰贰拾陆元伍角整（￥926.50）

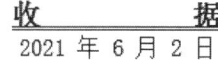

经手人签章　何瑶

第三联　记账

【业务5】

中国工商银行（渝）
现金支票存根
IX II 30122335

附加信息＿＿＿＿＿＿＿＿＿＿
出票日期 2021 年 6 月 2 日

收款人：重庆新兴吸塑包装公司

金　额：￥2000.00

用　途：备用金

备　注：

单位主管：李明　会计：游敏

【业务6】

6-1

领　料　单

2021年6月2日

领料部门：生产车间　　　领料用途：PVC内托　　　仓库：原材料库　　　单号：01

材料名称	规格型号	计量单位	出库数量	金额
PVC片材		吨	6	
合计			6	

仓库保管：王亚楠　　　　　　　　　　领料人：张敏

第三联交财务科

6-2

领　料　单

2021年6月2日

领料部门：生产车间　　　领料用途：PS植绒内托　　　仓库：原材料库　　　单号：02

材料名称	规格型号	计量单位	出库数量	金额
PS植绒片材		吨	4	
合计			4	

仓库保管：王亚楠　　　　　　　　　　领料人：张敏

第三联交财务科

四、重庆新兴吸塑包装公司资料

【业务7】

7-1

差旅费报销单

部门：采购部　　　　　　2021年06月03日　　　　　　NO：003

日期	出发地	到达地	市内交通补助		伙食补贴		车（船）票	住宿费	其他	合计金额
			天数	金额	天数	金额				
5.29-6.1	重庆	成都	4	120.00	4	220.00	140.00	320.00		800.00
合计			人民币（大写）捌佰元整							￥800.00

附单据4张

领导审批：姚丽华　　财务主管：李明　　出纳：何朗　　报销人：曾小明

7-2

收　　　据

2021年 6月 3日　　NO 2013005

今收到　　曾小明交回多余差旅费借款

金额（大写）贰佰元整（￥200.00）

单位盖章　　　经手人签章　何朗

现金收讫

第三联　记账

四、重庆新兴吸塑包装公司资料 | 047

【业务8】

收 料 单

收料仓库：原材料库　　　　2021年06月03日　　　　收料单编号：120601

材料名称	单位	数量		单价	材料金额	运杂费	实际成本
		应收数	实收数				
PVC 片材	吨	5	5	9800.00	49000.00	850.00	49850.00
合　　计							￥49850.00
备注							

主管：张慧洁　　质量检验员：张悦　　入库验收：李斯敏　　仓库保管：王亚楠

【业务9】

9-1

5001065035　　　　重庆增值税专用发票　　　　No. 5000692223

开票日期：2021年06月03日

购货单位	名　称：重庆新兴吸塑包装公司 纳税人识别号：500107543862784 地址、电话：李家沱花溪工业园区立松路 3 号　87794455 开户行及账号：工商银行花溪工业园区支行 6687886666998854345	密码区	517766<98/198533204+<<<-12690 63<+64<->876*98</8765*369+//# />+216)2>7/3-+47561<>786-/220 +782-/5432<4*-34)>>+923*34556

货物或应税劳务的名称	规格型号	单位	数量	单价	金额	税率	税额
纸箱		个	5000	4.80	24000.00	13%	3120.00
塑料薄膜		千克	1000	11.5	11500.00	13%	1495.00
合计					￥35500.00		￥4615.00

价税合计（大写）　　肆万零壹佰壹拾伍元整　　￥40115.00

销货单位	名　称：重庆江南塑胶有限公司 纳税人识别号：434787878463483 地址、电话：九龙坡区南湖路正街 2 栋 6-5　89003244 开户行及账号：工商行九龙广场支行 6433246666648783	备注	（重庆江南塑胶有限公司 发票专用章） 434787878463483

收款人：　　　复核：　　　开票人：张宁　　　销货单位（章）：

第二联　抵扣联　购货方抵扣凭证

9-2

| 5001065035 | 重庆增值税专用发票 | No. 5000692223 |

开票日期：2021 年 06 月 03 日

购货单位	名　　称：	重庆新兴吸塑包装公司			密码区	517766<98/198533204+<<<-12690 63<+64<->876*98</8765*369+//# />+216>2>7/3-+47561<>786-/220 +782-/5432<4*-34>>>+923<34556		
	纳税人识别号：	500107543862784						
	地址、电话：	李家沱花溪工业园区立松路 8 号 87794455						
	开户行及账号：	工商银行花溪工业园区支行 6687886666998854345						
货物或应税劳务的名称	规格型号	单位	数量	单价	金额		税率	税额
纸箱		个	5000	4.80	24000.00		13%	3120.00
塑料薄膜		千克	1000	11.5	11500.00		13%	1495.00
合计					￥35500.00			￥4615.00
价税合计（大写）		肆万零壹佰壹拾伍元整			￥40115.00			
销货单位	名　　称：	重庆江南塑胶有限公司			备注			
	纳税人识别号：	434787878463483						
	地址、电话：	九龙坡区南湖路正街 2 栋 6-5　89003244						
	开户行及账号：	工商行九龙广场支行 6433246666648783						

收款人：　　　复核：　　　开票人：赵宁　　　销货单位（章）

9-3

收　料　单

收料仓库：原材料库　　2021 年 06 月 03 日　　收料单编号：120602

材料名称	单位	数量		单价	材料金额	运杂费	实际成本
		应收数	实收数				
纸箱	个	5000	5000	4.80	24000.00		24000.00
塑料薄膜	千克	1000	1000	11.50	11500.00		11500.00
合　计							￥35500.00
备　注							

主管：张慧洁　　质量检验员：张悦　　入库验收：李新敏　　仓库保管：王亚楠

四、重庆新兴吸塑包装公司资料

【业务 10】

中国工商银行进账单（收款通知）

2021 年 06 月 04 日　　　　NO. 2218

汇款人	全称	重庆市诗圣酒业股份有限公司	收款人	全称	重庆新兴吸塑包装公司
	账号	6666764422123324900		账号	6687886666998854345
	开户银行	中国银行文峰新街支行		开户银行	工商银行花溪工业园区支行

人民币（大写）贰万元整	千百十万千百十元角分
	￥2 0 0 0 0 0 0

票据种类	转账支票	
票据张数	1 张	中国工商银行股份有限公司重庆花溪工业园区支行 2021 年 6 月 04 日 转讫
单位主管 李明　　会计 游敏		收款人开户行盖章
复核　　　　　记账		

【业务 11】

托收凭证（受理回单）

委托日期 2021 年 6 月 4 日

业务类型	委托收款（□邮划、□电划）	托收承付（□邮划、□电划）		
付款人	全称	重庆市诗圣酒业股份有限公司	收款人	全称	重庆新兴吸塑包装公司
	账号	6666764422123324900		账号	6687886666998854345
	地址	省重庆市 县　开户行　中国银行文峰新街支行		地址	省重庆市 县　开户行　工商银行花溪工业园区支行

金额	人民币（大写）壹拾伍万捌仟元整	亿千百十万千百十元角分
		￥1 5 8 0 0 0 0 0

款项内容		托收凭据名称	商业承兑汇票 30900040-27033030	附寄单证张数	
商品发运情况			合同名称号码	中国工商银行股份有限公司花溪工业园区支行 2021.06.04 受理凭证章	
备注：			款项收妥日期　　年　月　日	收款人开户银行签章	
复核　　　记账					

被背书人 工商银行花溪工业园区支行	被背书人
委托收款 [财务专用章印章] [华姚印画]	

【业务 12】

中国工商银行（渝）
现金支票存根

IX II 30122337

附加信息＿＿＿＿＿＿＿＿

出票日期 2021 年 6 月 5 日

收款人：重庆新兴吸塑包装公司

金　额：￥168500.00

用　途：备发工资

备　注：

单位主管：李明　会计：游敏

【业务 13】

重庆新兴吸塑包装公司2021年5月工资发放表（2021.6.5）

部门	姓名	基本工资	津贴	奖金	请假天数	请假扣款	应发合计	医疗保险	养老保险	失业保险	住房公积金	税前工资	个税专项附加扣除	计税基数	个税	实发合计
行政部	姚丽华	5500.00	2000.00	1000.00		0.00	8500.00	175.00	680.00	42.50	680.00	6922.50	1000.00	5922.50	27.68	6894.83
	叶春	5500.00	2000.00	1000.00		0.00	8500.00	175.00	680.00	42.50	680.00	6922.50	1800.00	5122.50	3.68	6918.83
	陈飞	5500.00	2000.00	1000.00	2.00	40.00	8460.00	174.20	676.80	42.30	676.80	6889.90	1500.00	5389.90	11.70	6878.20
	合计	16500.00	6000.00	3000.00	2.00	40.00	25460.00	524.20	2036.80	127.30	2036.80	20734.90	4300.00	16434.90		20691.85
财务部	李明	5000.00	1500.00	900.00		0.00	7400.00	153.00	592.00	37.00	592.00	6026.00	1000.00	5026.00	0.78	6025.22
	游敏	5000.00	1500.00	900.00		0.00	7400.00	153.00	592.00	37.00	592.00	6026.00	2000.00	4026.00		6026.00
	何朗	5000.00	1500.00	800.00		0.00	7300.00	151.00	584.00	36.50	584.00	5944.50	1400.00	4626.00		6026.00
	李斯敏	5000.00	1500.00	800.00		0.00	7300.00	151.00	584.00	36.50	584.00	5944.50	500.00	5444.50	13.34	5931.17
	合计	20000.00	6000.00	3500.00		0.00	29500.00	610.00	2360.00	147.50	2360.00	24022.50	4900.00	19122.50		24008.39
PVC内托	张敏	4500.00	1000.00	1200.00		0.00	6700.00	139.00	536.00	33.50	536.00	5455.50	1000.00	4455.50		5455.50
	周芳	4500.00	1000.00	1000.00		0.00	6500.00	135.00	520.00	32.50	520.00	5292.50	1500.00	3792.50		5292.50
	王新月	4500.00	1000.00	1400.00	3.00	60.00	6840.00	141.80	547.20	34.20	547.20	5569.60	1500.00	4069.60		5569.60
	张开慧	4500.00	1000.00	1000.00		0.00	6500.00	135.00	520.00	32.50	520.00	5292.50	2500.00	2792.50		5292.50
	朱强	4500.00	1000.00	800.00		0.00	6300.00	131.00	504.00	31.50	504.00	5129.50	1500.00	3629.50		5129.50
	汪明	4500.00	1000.00	600.00		0.00	6100.00	127.00	488.00	30.50	488.00	4966.50	1000.00	3966.50		4966.50
	合计	27000.00	6000.00	6200.00	3.00	60.00	39140.00	812.80	3131.20	195.70	3131.20	31869.10	8500.00	23369.10		31869.10
PS植绒内托	邓娴	4500.00	1000.00	1000.00	1.00	20.00	6480.00	134.60	518.40	32.40	518.40	5276.20	1500.00	3776.20		5276.20
	汪莉	4500.00	1000.00	1200.00		0.00	6700.00	139.00	536.00	33.50	536.00	5455.50	1000.00	4455.50		5455.50
	吴芳	4500.00	1000.00	800.00		0.00	6300.00	131.00	504.00	31.50	504.00	5129.50	1000.00	4129.50		5129.50
	朴江海	4500.00	1000.00	500.00		0.00	6000.00	125.00	480.00	30.00	480.00	4885.00	1400.00	3485.00		4885.00
	林林玲	4500.00	1000.00	1200.00		0.00	6700.00	139.00	536.00	33.50	536.00	5455.50	2000.00	3455.50		5455.50
	黄宝	4500.00	1000.00	1000.00		0.00	6500.00	135.00	520.00	32.50	520.00	5292.50	1000.00	4292.50		5292.50
	黄德	4500.00	1000.00	900.00	1.00	20.00	6380.00	132.60	510.40	31.90	510.40	5194.70	1000.00	4194.70		5194.70
	合计	31500.00	7000.00	6600.00	2.00	40.00	45060.00	936.20	3604.80	225.30	3604.80	36688.90	8900.00	27788.90		36688.90
销售部	蒋浩	5000.00	1500.00	1200.00		0.00	7700.00	159.00	616.00	38.50	616.00	6270.50	1000.00	5270.50	8.12	6262.39
	刘悦	5000.00	1500.00	1000.00		0.00	7500.00	155.00	600.00	37.50	600.00	6107.50	1000.00	5107.50	3.23	6104.28
	陈德钢	5000.00	1500.00	1000.00		0.00	7500.00	155.00	600.00	37.50	600.00	6107.50	1500.00	4607.50		6107.50
	吴华	5000.00	1500.00	1200.00		0.00	7700.00	159.00	616.00	38.50	616.00	6270.50	2000.00	4270.50		6270.50
	曾仕	5000.00	1500.00	1400.00		0.00	7900.00	163.00	632.00	39.50	632.00	6433.50	2000.00	4433.50		6433.50
	合计	25000.00	7500.00	5800.00		0.00	38300.00	791.00	3064.00	191.50	3064.00	31189.50	7500.00	23689.50		31178.16
采购部	赵辉	4500.00	1000.00	1000.00		0.00	6500.00	135.00	520.00	32.50	520.00	5292.50	2000.00	3292.50		5292.50
	曾小明	4500.00	1000.00	1200.00	2.00	40.00	6660.00	138.20	532.80	33.30	532.80	5422.90	1500.00	3922.90		5422.90
	张慧清	9000.00	2000.00	2200.00	2.00	40.00	13160.00	273.20	1052.80	65.80	1052.80	10715.40	3500.00	7215.40		10715.40
仓储部	吴悦	4000.00	800.00	800.00		0.00	5600.00	121.00	464.00	29.00	464.00	4722.00	2000.00	2722.00		4722.00
	张悦	4000.00	800.00	800.00		0.00	5600.00	117.00	448.00	28.00	448.00	4559.00	1400.00	3159.00		4559.00
	王亚楠	4000.00	800.00	1000.00		0.00	5800.00	117.00	448.00	28.00	448.00	4559.00	500.00	4059.00		4559.00
	合计	12000.00	2400.00	2600.00		0.00	17000.00	355.00	1360.00	85.00	1360.00	13840.00	3900.00	9940.00		13840.00
合计		141000.00	36900.00		9.00	180.00	207620.00	4302.40	16609.60	1038.10	16609.60	169060.30	41500.00	127560.30	68.50	168991.80

【业务14】

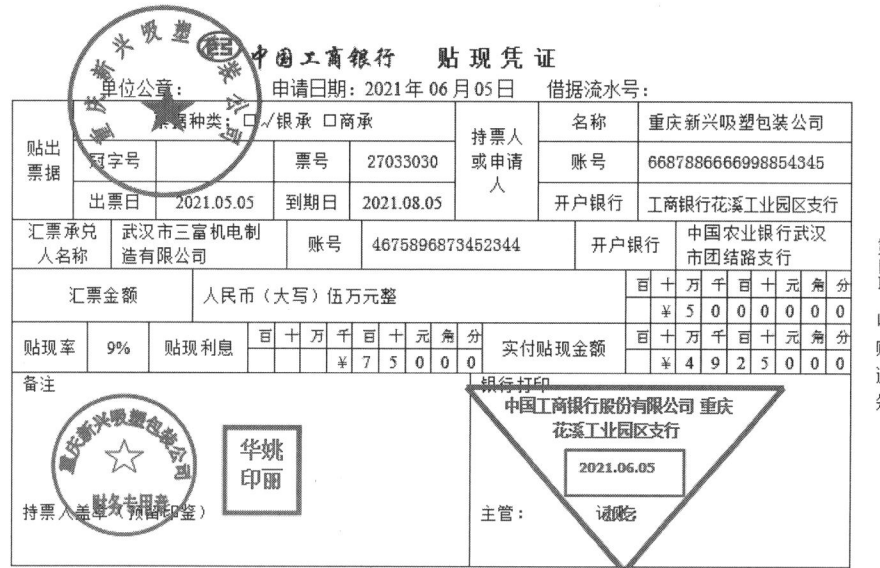

【业务15】

15-1

中国工商银行（渝）
转账支票存根

IX II 30121469

附加信息＿＿＿＿＿＿＿＿＿

出票日期 2021 年 6 月 6 日

收款人：重庆鑫山房屋投资有限公司

金　额：￥26160.00

用　途：租金

备　注：

单位主管：李明　会计：游敏

15-2

重庆增值税专用发票

5001065099　　　　　　　　　　　　　　　　No. 5000692123

抵扣联

开票日期：2021 年 06 月 06 日

购货单位	名　　称：重庆新兴吸塑包装公司 纳税人识别号：5001075438627 84 地址、电话：李家沱花溪工业园区立柱路8号 87794455 开户行及账号：工商银行花溪工业园区支行 6687886666998854345	密码区	517766<98/198533204+<<<-12690 63<+64<->876*98</8765*369+//# />+216>2>7/3-+47561<>786-/220 +782-/5432<4*-34>>>+923*34556
货物或应税劳务的名称	规格型号　单位　数量　单价	金额 24000.00	税率 9%　税额 2160.00
租赁费 合计		￥24000.00	￥2160.00
价税合计(大写)	贰万陆仟壹佰陆拾元整	￥26160.00	
销货单位	名　　称：重庆鑫山房屋投资有限公司 纳税人识别号：434788853345678 地址、电话：九龙坡区渝州路73号附 85005644 开户行及账号：工商行九龙广场支行 6456766666955567	备注	（发票专用章：重庆鑫山房屋投资有限公司 434788853345678）

收款人：　　复核：　　开票人：李文　　销货单位(章)：

15-3

重庆增值税专用发票

5001065099　　　　　　　　　　　　　　　　No. 5000692123

发票联

开票日期：2021 年 06 月 06 日

购货单位	名　　称：重庆新兴吸塑包装公司 纳税人识别号：5001075438627 84 地址、电话：李家沱花溪工业园区立柱路8号 87794455 开户行及账号：工商银行花溪工业园区支行 6687886666998854345	密码区	517766<98/198533204+<<<-12690 63<+64<->876*98</8765*369+//# />+216>2>7/3-+47561<>786-/220 +782-/5432<4*-34>>>+923*34556
货物或应税劳务的名称	规格型号　单位　数量　单价	金额 24000.00	税率 9%　税额 2160.00
租赁费 合计		￥24000.00	￥2160.00
价税合计(大写)	贰万陆仟壹佰陆拾元整	￥26160.00	
销货单位	名　　称：重庆鑫山房屋投资有限公司 纳税人识别号：434788853345678 地址、电话：九龙坡区渝州路73号附 85005644 开户行及账号：工商行九龙广场支行 6456766666955567	备注	（发票专用章：重庆鑫山房屋投资有限公司 434788853345678）

收款人：　　复核：　　开票人：李文　　销货单位(章)：

四、重庆新兴吸塑包装公司资料 | 061

【业务16】

重庆增值税专用发票

5001031035　　　　　　　　　　　　　　　　　　　No. 500151101

开票日期：2021年6月6日

购货单位	名　称：	重庆市诗圣酒业股份有限公司			密码区	+/2766<98/198533204+<<<-1233 90<+64<->876*98</8765*369+** 0)+216>2>7/3-+47561<>786-/00 +782-/5432<4*-34>>>+923*3333		
	纳税人识别号：	137844346723834						
	地 址、电 话：	南山街道文峰新街118号 87995600						
	开户行及账号：	中国银行文峰新街支行 6666764422123324900						
货物或应税劳务的名称		规格型号	单位	数量	单价	金额	税率	税额
PVC内托		250*150	个	40000	3	120000.00	13%	15600.00
合计						¥120000.00		¥15600.00
价税合计（大写）		壹拾叁万伍仟陆佰元整				¥135600.00		
销货单位	名　称：	重庆新兴吸塑包装公司			备注			
	纳税人识别号：	500107543862784						
	地 址、电 话：	李家沱花溪工业园区立裕路8号 87794455						
	开户行及账号：	工商银行花溪工业园区支行 6687886666998854345						

收款人：　　　　复核：　　　　开票人：瑞敏　　　销货方（章）：

【业务17】

17-1

投资协议

接受投资单位：重庆新兴吸塑包装公司（甲方）

投资单位：王华（乙方）

甲、乙双方为了实现合作共赢的理念，现协议如下：

（1）乙方以其拥有的液压裁断机向甲方投资。评估价值4万元，签订合同之日起交付液压裁断机。

（2）未经甲方同意，乙方不得随意抽回投资。

（3）乙方以4万元作为投资额，占重庆新兴吸塑包装公司总投资额的2.08%，并按此比例享受年利润的分配。

甲方（盖章）：重庆新兴吸塑包装公司　　　　乙方（盖章）：王华

法人代表：姚淑华

日期：2021年06月06日　　　　　　　　　日期：2021年06月06日

17-2

资产评估报告书摘要

重庆新兴吸塑包装公司：

　　陕西华天评估有限公司接受贵公司委托，以2021年06月06日为评估基准日，对王华所拥有的液压裁断机进行了评定和估算。评估目的是确定评估资产的现时市场价值。

　　我们的评估是依据国家关于资产评估的有关规定及其他相关的法律法规，并遵循资产评估的独立性、客观性、科学性、专业性等工作原则和贡献性、替代性、预期性等经济原则进行的。在评估过程中，我们实施了必要的评估程序包括对评估资产的权属及运行进行重点核实、查询及收集资料，根据评估资产的实际情况，主要采用了收益现值法进行评估。在评估基准日，王华所拥有的液压裁断机账面价值4.4万元，评估价值为4万元。评估结论有效期为一年，即：2021年6月6日至2022年6月6日。

评估机构(盖章)：重庆大地评估有限公司

日期：2021年06月06日

法人代表：王远军

签字注册资产评估师

17-3 （固定资产模块中增加固定资产）

重庆新兴吸塑包装公司固定资产验收单
2021年06月06日

固定资产名称	液压裁断机	规 格	
资产类别	生产设备	数 量	1台
使用部门		生产车间	
安装单位（部门）			
资产来源	投资者投入	验收日期	2021.06.06
使用日期	2021.06.06	使用年限	5年
原 值	￥40000.00	净残值率	4%
固定资产管理部门验收意见		符合合同规定质量标准，验收合格 负责人签名：李明	

注：固定资产模块中增加固定资产。

【业务18】

18-1

重庆增值税专用发票

5001065099　　　抵扣联　　　No. 5000692123

开票日期：2021 年 06 月 06 日

购货单位	名　　称：重庆新兴吸塑包装公司 纳税人识别号：5001075438627 84 地　址、电话：李家沱花溪工业园区立菘路 8 号 87794455 开户行及账号：工商银行花溪工业园区支行 6687886666998854345	密码区	517766<98/198533204+<<<-12690 63<+64<->876*98</8765<369+//# />+216>2>7/3-+47561<>786-/220 +782-/5432<4*-34>>>+>923<34556

货物或应税劳务的名称	规格型号	单位	数量	单价	金额	税率	税额
运输费			1	800	800.00	9%	72.00
合计					￥800.00		￥72.00

价税合计（大写）	捌佰柒拾贰元整	￥872.00

销货单位	名　　称：重庆华安货运有限公司 纳税人识别号：434788853345678 地　址、电话：大渡口区黄花路 73 号附 1　85125613 开户行及账号：工商银行大渡口支行 6456346666955328	备注	（重庆华安货运有限公司 发票专用章 434788853345678）

收款人：　　复核：　　开票人：陈岳阿　　销货单位（章）

18-2

重庆增值税专用发票

5001065099　　　发票联　　　No. 5000692123

开票日期：2021 年 06 月 06 日

购货单位	名　　称：重庆新兴吸塑包装公司 纳税人识别号：5001075438627 84 地　址、电话：李家沱花溪工业园区立菘路 8 号 87794455 开户行及账号：工商银行花溪工业园区支行 6687886666998854345	密码区	517766<98/198533204+<<<-12690 63<+64<->876*98</8765<369+//# />+216>2>7/3-+47561<>786-/220 +782-/5432<4*-34>>>+>923<34556

货物或应税劳务的名称	规格型号	单位	数量	单价	金额	税率	税额
运输费			1	800	800.00	9%	72.00
合计					￥800.00		￥72.00

价税合计（大写）	捌佰柒拾贰元整	￥872.00

销货单位	名　　称：重庆华安货运有限公司 纳税人识别号：434788853345678 地　址、电话：大渡口区黄花路 73 号附 1　85125613 开户行及账号：工商银行大渡口支行 6456346666955328	备注	（重庆华安货运有限公司 发票专用章 434788853345678）

收款人：　　复核：　　开票人：陈岳阿　　销货单位（章）

18-3

中国工商银行 电汇凭证（回单）

委托日期 2021 年 6 月 06 日　　　　　NO. 4000

汇款人	全称	重庆新兴吸塑包装公司	收款人	全称	重庆华安货运有限公司
	账号	6687886666998854345		账号	1102066666570000111
	汇出银行	工商银行花溪工业园区支行		汇入银行	中国银行武汉支行

人民币（大写）捌佰柒拾贰元整　　　　　￥87200

汇款用途：支付运费　　　转讫　　　汇款人开户行盖章

（中国工商银行股份有限公司重庆花溪工业园区支行　2021年6月06日）

【业务 19】

中国工商银行 银行汇票申请书（存根）

申请日期　2021 年 6 月 07 日　　第 34 号

申请人	重庆新兴吸塑包装公司	收款人	深圳旺群植绒有限公司
账号或地址	6687886666998854345	账号或地址	8897797878476321155
用途	货款	代理付款行	中国银行福强路支行
汇票金额	人民币（大写）捌万元整		￥80000.00

上列款项请从我账户内支付

（重庆新兴吸塑包装公司 财务专用章）　（华姚 印丽 盖章）

科　目（借）_____
对方科目（贷）_____
转账日期　2021 年 6 月 07 日
复核　　记账

此联申请人留存

【业务 20】

中国工商银行进账单（回单）

2021年6月07日　　　　　　　　　NO. 12389

汇款人	全 称	重庆市诗圣酒业股份有限公司	收款人	全 称	重庆新兴吸塑包装公司
	账 号	66667664422123324900		账 号	6687886666998854345
	开户银行	中国银行文峰新街支行		开户银行	中国工商银行股份有限公司重庆花溪工业园区支行

人民币（大写）壹拾壹万伍仟陆佰元整	千百十万千百十元角分 ¥ 1 1 5 6 0 0 0 0
票据种类　　　转账支票	
票据张数　　　1张	收款人开户行盖章
单位主管　李明　　会计　游敏	
复核　　　　　　记账	

【业务 21】

21-1

领 料 单

2021年6月07日

领料部门：生产车间　　领料用途：PS植绒内托　　仓库：原材料库　　单号：03

材料名称	规格型号	计量单位	出库数量	金额
PS植绒片材		吨	3	
合计			3	

仓库保管：王亚楠　　　　　　　　　　　　领料人：张敏

第三联 交财务科

21-2

领 料 单
2021 年 6 月 07 日

领料部门：生产车间　　领料用途：PVC 内托　　仓库：原材料库　　单号：04

材料名称	规格型号	计量单位	出库数量	金额
PVC 片材		吨	7	
合计			7	

仓库保管：王亚楠　　　　　　　　领料人：张敏

第三联交财务科

【业务 22】

借 款 单
2021 年 6 月 7 日　　　　第 012 号

借款单位：赵辉		
借款理由：差旅费		
借款数额：人民币（大写）贰仟元整　　　￥2000.00		
本单位负责人意见：姚丽华		借款人（签章）赵辉
领导批示：情况属实，同意借款	会计主管人员核批：李明	付款记录：2021 年 6 月 7 日已付

现金付讫

四、重庆新兴吸塑包装公司资料

【业务 23】

23-1

深圳增值税专用发票

5001064000　　　　　　　　　　　　　　　　　No. 5000693422

抵扣联　　　　　　　　　　　　　　开票日期：2021年6月8日

购货单位	名　　称：重庆新兴吸塑包装公司 纳税人识别号：500107543862784 地址、电话：李家沱花溪工业园区立松路8号 87794455 开户行及账号：工商银行花溪工业园区支行 　　　　　　　6687886666998854345	密码区	517766<98/198533204+<<<-000 63<+64<->876*98</8765*369+/ />+216)2>7/3-+47561<>786-/2 +782-/5432<4*-34>>>+923**88

货物或应税劳务的名称	规格型号	单位	数量	单价	金额	税率	税额
PS植绒片材		吨	5	13500.00	67500.00	13%	8775.00
合计					￥67500.00		￥8775.00

价税合计(大写)	柒万陆仟贰佰柒拾伍元整	￥76275.00

销货单位	名　　称：深圳旺群植绒有限公司 纳税人识别号：576832889956789 地址、电话：深圳市福田区福强路18号 67889900 开户行及账号：中国银行福强路支行 　　　　　　　8897797878476321155	备注	(发票专用章)

收款人：　　　复核：　　　开票人：陈鑫洛　　　销货单位(章)：

23-2

深圳增值税专用发票

5001064000　　　　　　　　　　　　　　　　　No. 5000693422

发票联　　　　　　　　　　　　　　开票日期：2021年6月8日

购货单位	名　　称：重庆新兴吸塑包装公司 纳税人识别号：500107543862784 地址、电话：李家沱花溪工业园区立松路8号 87794455 开户行及账号：工商银行花溪工业园区支行 　　　　　　　6687886666998854345	密码区	517766<98/198533204+<<<-000 63<+64<->876*98</8765*369+/ />+216)2>7/3-+47561<>786-/2 +782-/5432<4*-34>>>+923**88

货物或应税劳务的名称	规格型号	单位	数量	单价	金额	税率	税额
PS植绒片材		吨	5	13500.00	67500.00	13%	8775.00
合计					￥67500.00		￥8775.00

价税合计(大写)	柒万陆仟贰佰柒拾伍元整	￥76275.00

销货单位	名　　称：深圳旺群植绒有限公司 纳税人识别号：576832889956789 地址、电话：深圳市福田区福强路18号 86870564 开户行及账号：中国银行福强路支行 　　　　　　　8897797878476321155	备注	(发票专用章)

收款人：　　　复核：　　　开票人：陈鑫洛　　　销货单位(章)：

23-3

| 付款期限 壹个月 | 中国工商银行 银行汇票 | 4 多余款 （收账通知） | EA0087678898 第34号 |

出票日期（大写）贰零贰壹年零陆月零柒日　代理付款行：中国银行福强路支行行号：6889754

收款人　深圳旺群植绒有限公司

出票金额　人民币（大写）捌万元整

实际结算金额人民币（大写）柒万捌仟叁佰圆整　￥76275.00

| 申请人 | 重庆新兴吸塑包装公司 | 账号：6687883320998854345 |

出票行：中国工商银行××区支行

行号：4556244422

密押：52103431

汇票专用章

出票行盖章

多余金额　￥3725.00

左列退回多余金额已收入你账户

此联出票行结清多余款后交申请人

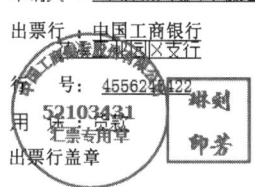

【业务24】

平安证券沙坪坝营业部成交过户交割单

日期：2021.6.08	业务名称：证券买入
股东账号：965553214	合同号：3577834
股东姓名：重庆新兴吸塑包装公司	成交编号：369778
股票代码：600005	申报时间：10:25:23
股票名称：武钢股份	成交时间：11:12:10
买卖方向：买入	佣金：99.00
成交价格：3.10	印花税：33.00
成交数量：10000.00	过户费：5.00
成交金额：31000.00	其他费用：1.00
实际收付：33138.00	备注：证券买入 含有已宣告未领现金股利2 000元
	打印时间：2021年06月08日
经办单位：平安证券沙坪坝营业部	客户签名：姚丽华

四、重庆新兴吸塑包装公司资料

【业务 25】

25-1

领 料 单
2021 年 6 月 8 日

领料部门：生产车间　　　领料用途：PS 植绒内托　　　仓库：原材料库　单号：05

材料名称	规格型号	计量单位	出库数量	金额
塑料薄膜		千克	150	
纸箱		个	1200	
合计				

仓库保管：王亚楠　　　　　　　　　　领料人：张敏

第三联 交财务科

25-2

领 料 单
2021 年 6 月 8 日

领料部门：生产车间　　　领料用途：PS 植绒内托　　　仓库：原材料库　单号：06

材料名称	规格型号	计量单位	出库数量	金额
塑料薄膜		千克	120	
纸箱		个	900	
合计				

仓库保管：王亚楠　　　　　　　　　　领料人：张敏

第三联 交财务科

【业务26】

中国工商银行 借款借据

2021年6月9日　　借款编号：2021497301

借款企业名称	重庆新兴吸塑包装公司	结算户账号	6687886666998854345	贷款户账号	6687886666998854345
贷款用途	建造生产线			贷款种类	长期贷款
借款金额	人民币（大写）贰拾万元整			千百十万千百十元角分 ¥ 2 0 0 0 0 0 0 0	
银行审查意见：	到期日期	2022年6月9日	利率	年息6%	

中国工商银行股份有限公司重庆花溪工业园区支行（银行盖章）
2021.06.09

工行重庆花溪工业园区支行　盖章

【业务27】

27-1

中华人民共和国税收完税证明

填发日期：2021年6月9日　　征收机关：国家税务总局重庆巴南区税务局

纳税人识别号	500107543862784		纳税人名称	重庆新兴吸塑包装公司	
原凭证号	税种	品目名称	税款所属时期	入(退)库日期	实缴(退)金额
40009321764	企业职工基本养老保险收入	职工养老保险（单位缴纳）	2021-05-01至2021-05-31	2021-06-09	33219.20
40009321764	企业职工基本养老保险收入	职工养老保险（个人缴纳）	2021-05-01至2021-05-31	2021-06-09	16609.60
40009321764	失业保险基金收入	失业保险（单位缴纳）	2021-05-01至2021-05-31	2021-06-09	1038.10
40009321764	失业保险基金收入	失业保险（个人缴纳）	2021-05-01至2021-05-31	2021-06-09	1038.10
合计金额	（大写）伍万壹仟玖佰零伍元整				¥ 51905.00
税务机关	国家税务总局重庆巴南区税务局征收专用章	填票人 李春兰		备注	

吴善保管　　　手写无效

27-2

中华人民共和国
税收完税证明

填发日期：2021 年 6 月 09 日　　税务机关：国家税务总局重庆巴南区税务局

纳税人识别号		500107543862784		纳税人名称	重庆新兴吸塑包装公司	
原凭证号	税种	品目名称	税款所属时期	入（退）库日期	实缴（退）金额	
40009321764	医疗保险基金收入	职工医疗保险-单位（含生育保险和大额补助）	2021-05-01 至 2021-05-31	2021-06-09	20762.00	
40009321764	医疗保险基金收入	职工医疗保险-个人（含大额补助）	2021-05-01 至 2021-05-31	2021-06-09	4302.40	
	工伤保险基金收入	工伤保险	2021-05-01 至 2021-05-31	2021-06-09	1245.72	
合计金额	（大写）贰万陆仟叁佰壹拾元壹角贰分				￥26310.12	
税务机关		填票人 李春兰		备注		

妥善保管　　　手写无效

【业务 28】

中国工商银行花溪工业园区支行住房公积金汇缴书

2021年6月09日　　　　　字第 422 号

单位名称	重庆市公积金管理处			汇缴：2021 年 5 月份								
开户行	中国工商银行春光路支行		账号	62304466663377777222	汇缴：	30		人				
金额	人民币（大写）：叁万叁仟贰佰壹拾玖元贰角整				千	百	十	万	仟	佰	拾	元	角	分
							￥	3	3	2	1	9	2	0
上次汇缴		本次增加汇缴		本次减少汇缴		本次汇缴						
人数	金额	人数	金额	人数	金额	人数	金额					
30	￥33219.20					30	￥33219.20					
付款行 工商银行花溪工业园区支行	付款账号 6687886666998854345		支票号码	中国工商银行花溪工业园区支行 2021年06月09日 银行盖章 受理凭证专用章								

第一联　银行盖章后退单位

【业务 29】

重庆电子缴税系统回单

扣款日期：2021.06.09
清算日期：2021.06.09

付款人名称：重庆新兴吸塑包装公司
付款人账号：6687886666998854345
付款人开户银行：工商银行花溪工业园区支行

收款人名称：重庆市巴南区税务局
收款人账号：4402006666001454035
收款人开户银行：国家金库××支库

款项内容：代扣（地税）税款　　电子税票号：98300066328
小写金额：¥788.50
大写金额：柒佰捌拾捌元伍角整
纳税人编号：500107543862784
纳税人名称：重庆新兴吸塑包装公司

税种	所属期	纳税金额	备注
城市维护建设税	20210501—20210531	¥420.00	地税
教育费附加	20210501—20210531	¥180.00	地税
地方教育附加	20210501—20210531	¥120.00	地税
个人所得税	20210501—20210531	¥68.50	地税

经办：　　复核：　　打印次数：1　　打印日期：2021.06.09

（印章：中国工商银行股份有限公司重庆花溪工业园区支行 2021.06.09 转讫）

【业务 30】

重庆电子缴税系统回单

扣款日期：2021.06.09
清算日期：2021.06.09

付款人名称：重庆新兴吸塑包装公司
付款人账号：6687886666998854345
付款人开户银行：工商银行花溪工业园区支行

收款人名称：重庆市沙坪坝区税务局
收款人账号：4402006666001454035
收款人开户银行：国家金库××支库

款项内容：代扣（国税）税款　　电子税票号：62300067857
小写金额：¥6000.00
大写金额：陆仟元整
纳税人编号：500107543862784
纳税人名称：重庆新兴吸塑包装公司

税种	所属期	纳税金额	备注
增值税	20210501—20210531	¥6 000.00	国税

经办：　　复核：　　打印次数：1　　打印日期：2021.06.09

（印章：中国工商银行股份有限公司重庆花溪工业园区支行 2021.06.09 转讫）

四、重庆新兴吸塑包装公司资料

【业务31】

31-1

重庆增值税专用发票

5001064018　　　　　　　　　　　　　No. 5000693479

抵扣联

开票日期：2021年6月10日

购货单位	名　称：重庆新兴吸塑包装公司 纳税人识别号：5001075438627 84 地址、电话：李家沱花溪工业园区立松路 8 号 87794455 开户行及账号：工商银行花溪工业园区支行 6687886666998854345	密码区	517766<98/198533204+<<<-000 63<+64<->876*98</8765*369+/ />+216>2>7/3-+47561<>786-87 +782-/5432<4*-34>>+923*222

货物或应税劳务的名称	规格型号	单位	数量	单价	金额	税率	税额
折边机		台	1	12000.00	12000.00	13%	1560.00
合计					￥12000.00		￥1560.00

价税合计(大写)	壹万叁仟伍佰陆拾元整	￥13560.00

销货单位	名　称：重庆南通机械厂 纳税人识别号：502040832145990 地址、电话：重庆市渝北区人和街 35 号　67869931 开户行及账号：工商银行渝北区支行 6655006666008900	备注	

收款人：　　　复核：　　　开票人：陈璟　　　销货单位（章）

31-2

重庆增值税专用发票

5001064018　　　　　　　　　　　　　No. 5000693479

发票联

开票日期：2021年6月10日

购货单位	名　称：重庆新兴吸塑包装公司 纳税人识别号：5001075438627 84 地址、电话：李家沱花溪工业园区立松路 8 号 87794455 开户行及账号：工商银行花溪工业园区支行 6687886666998854345	密码区	517766<98/198533204+<<<-000 63<+64<->876*98</8765*369+/ />+216>2>7/3-+47561<>786-87 +782-/5432<4*-34>>+923*222

货物或应税劳务的名称	规格型号	单位	数量	单价	金额	税率	税额
折边机		台	1	12000.00	12000.00	13%	1560.00
合计					￥12000.00		￥1560.00

价税合计(大写)	壹万叁仟伍佰陆拾元整	￥13560.00

销货单位	名　称：重庆南通机械厂 纳税人识别号：502040832145990 地址、电话：重庆市渝北区人和街 35 号　67869931 开户行及账号：工商银行渝北区支行 6655006666008900	备注	

收款人：　　　复核：　　　开票人：陈璟　　　销货单位（章）

31-3

中国工商银行（渝）
转账支票存根

IX II 30121469

附加信息_____

出票日期 2021 年 6 月 10 日

收款人：	重庆南通机械厂
金　额：	￥13560.00
用　途：	设备款
备　注：	

单位主管：李明　会计：潘敏

【业务 32】

32-1

5001031035　　重庆增值税专用发票　　No. 00151101

此联不作报销、扣税凭证使用

开票日期：2021年6月11日

购货单位	名　称：陕西达成电子科技有限公司 纳税人识别号：564433321897536 地　址、电　话：陕西省西安市大街路789号 55448890 开户行及账号：中国银行西安市大街支行 54676772222246677	密码区	+/2766<98/198533204+<<<-55689 90<+64<->876*98</8765*369+/*& 0>+216>2>7/3-+47561<>786-/233 +782-/5432<4*-34>>+923*45666	第一联　记账联　销售方记账凭证

货物或应税劳务的名称	规格型号	单位	数量	单价	金额	税率	税额
PS 植绒内托	375*250	个	5000	6.00	30000.00	13%	3900.00
合计					￥30000.00		￥3900.00

| 价税合计（大写） | 叁万叁仟玖佰元整 | ￥33900.00 |

销货单位	名　称：重庆新兴吸塑包装公司 纳税人识别号：500107543862784 地　址、电　话：李家沱花溪工业园区立松路8号 87794555 开户行及账号：工商银行花溪工业园区支行 6687886666998854345	备注

收款人：　　　复核：　　　开票人：潘敏　　　销货方（章）：

32-2

银行承兑汇票

2 20800363
3703302

出票日期 贰零贰壹年 零陆 月 壹拾壹 日（大写）

出票人全称	陕西达成电子科技有限公司	收款人	全称	重庆新兴吸塑包装公司
出票人账号	54676772222246677		账号	6687886666998854345
付款行全称	中国银行西安市大街支行		开户银行	中国工商银行花溪工业园区支行
出票金额	人民币（大写）叁万叁仟玖佰元整			￥ 3 3 9 0 0 0 0（亿千百十万千百十元角分）
汇票到期日（大写）	贰零贰壹年零玖月壹拾壹日	付款行	行号	205380005431
承兑协议编号	33005E032830		地址	重庆市南岸区南山街道
本汇票请你行承兑，到期无条件付款			本汇票已经承兑，到期日由本行付款 承兑行签章 承兑日期 2021 年 6 月 11 日	
出票人签章：李华			备注：	复核 记账

【业务33】

收 料 单

收料仓库：原材料库　　　2021 年 6 月 11 日　　　收料单编号：120603

材料名称	单位	数量		单价	材料金额	运杂费	实际成本
		应收数	实收数				
PS植绒片材	吨	5	5	13500.00	67500.00		67500.00
合　　　计							￥67500.00
备　注							

主管：张慧洁　　质量检验员：张悦　　入库验收：李新敏　　仓库保管：王亚楠

【业务34】

中国工商银行电汇凭证（回单）

委托日期 2021 年 6 月 11 日　　　　　　　　　　　　NO. 4001

汇款人	全　称	重庆新兴吸塑包装公司	收款人	全　称	重庆远通物流公司
	账　号	500107666662784		账　号	1102066666889493
	汇出银行	工商银行花溪工业园区支行		汇入银行	中国银行武汉市团结路支行

人民币（大写）壹仟元整		十亿	百	十	万	千	百	十	元	角	分
					¥	1	0	0	0	0	0

汇款用途	支付包装物押金	汇款人开户行盖章

（中国工商银行股份有限公司重庆花溪工业园区支行 2021年6月11日 转讫）

【业务35】

35-1

现金支付凭单

2021 年 6 月 12 日

领款人：何东
付款用途：支付折边机安装费
金额：（大写）伍佰元整　　　￥500.00

主管领导：　　　　财务主管：李明　　出纳：何朗　　经办人：何朗

35-2

固定资产交付使用验收单

使用部门：生产部　　　　　　　　　　　交接日期：2021年6月12日

编号	名称	单位	型号	购建原价或自制成本	
				单价	12000.00
				总值	12000.00
	折边机	台	N36	安装费	500.00
				合计	￥12500.00
主要规格及说明				经安装调试合格	
出厂日期	2021.6.10	预计使用年限	10年	估计重置价值	
				残值率	4%

技术验收：陈龟　　　　使用部门：生产部　　　　财会部门：李明

注：在固定资产模块中增加固定资产。

【业务36】

重庆增值税电子普通发票

发票代码：05001700222
发票号码：36023901
开票日期：2021年06月12日
校验码：09883 78453 22333

通行费
机器编号：499089970078966

购货单位	名　　称：重庆新兴吸塑包装公司 纳税人识别号：500107543862784 地址、电话：李家沱花溪工业园区立栽路8号 87794455 开户行及账号：工商银行花溪工业园区支行 6687886666998854345	密码区	517766<98/198533204+<<<-123 63<+64<->876*98</8765*369+/ />+216)2>7/3-+47561<>786-/2 +782-/5432<4*-34>>>+923*345		
货物或应税劳务的名称	车牌号	类型	通行日期起	通行日期起	金额	税率	税额

货物或应税劳务的名称	车牌号	类型	通行日期起	通行日期止	金额	税率	税额
通行费	渝DQMM11	壹类	20210612	20210612	14.13	3%	0.42
合计					￥14.13		￥0.42

价税合计（大写）　壹拾肆元伍角伍分　　￥14.55

| 销货单位 | 名　　称：重庆渝合高速公路有限公司
纳税人识别号：5671075438655983
地址、电话：重庆市两江新区双彬1路21号 57694221
开户行及账号：工商银行两江新区支行 6686556666998445231 | 备注 | |

收款人：　　　复核：　　　开票人：刘军　　　销货单位（章）

【业务 37】

37-1

出租协议书

出租方：重庆新兴吸塑包装公司（以下简称甲方）
承租方：重庆大华包装公司（以下简称乙方）
甲、乙双方经友好协商，一致达成以下协议：
一、甲方将其闲置的折边机出租给乙方使用。
二、租赁期限：自 2021 年 06 月 12 日起至 2021 年 12 月 12 日止。
三、租金及付款方式：
1. 租金为每月 1017 元整（大写壹仟零壹拾柒元整）（30 元/天），乙方在每月的壹拾贰日支付给甲方。
2. 甲方在收到乙方租金后，应开具收据给乙方。
……

甲方：重庆新兴吸塑包装公司　　　乙方：重庆大华包装公司
2021 年 06 月 12 日　　　　　　　2021 年 06 月 12 日

37-2

收　　据

2021 年 6 月 12 日　　　　　　　　　　No. 10121113

交款单位名称		
（或姓名）	重庆大华包装公司	
摘　要	折边机租金	
人民币	（大写）壹仟零壹拾柒元整	￥1017.00
备　注		

复核：　　　　　出纳：何朗　　　经手人：杨丽丽

第三联 交客户

37-3

重庆增值税专用发票

5001031035　　No. 00151214

此联于作报销、扣税凭证使用

开票日期：2021年6月12日

购货单位	名　称：重庆达光机械有限公司 纳税人识别号：500133321897536 地　址、电　话：重庆市西安大街126号 86884566 开户行及账号：中国银行西安大街支行 62276772222246677				密码区	+/27@@<98/198533204+<<<**900 90<+64<->876*98</8765*369+/* 0>+216>2>7/3-+47561<>786-/23 +782-/5432<4*-34>>>+923<4567	
货物或应税劳务的名称	规格型号	单位	数量	单价	金额	税率	税额
折边机租赁费			1	900.00	900.00	13%	117.00
合计					¥900.00		¥117.00
价税合计（大写）	壹仟零壹拾柒元整				¥1017.00		
销货单位	名　称：重庆新兴吸塑包装公司 纳税人识别号：500107543862784 地　址、电　话：李家沱花溪工业园区立松路8号 87794455 开户行及账号：工商银行花溪工业园区支行 6687886666998854345				备注		

收款人：　　　复核：　　　开票人：　　　

【业务38】

38-1

差旅费报销单

部门：采购部　　2021年6月12日　　NO：005

日期	出发地	到达地	市内交通补助		伙食补贴		车（船）票	住宿费	其他	合计金额
			天数	金额	天数	金额				
6.7-6.10	重庆	深圳	4	200.00	4	400.00	500.00	1400.00		2500.00
合　计			人民币（大写）贰仟伍佰元整							¥2500.00

附单据4张

领导审批：姚晋华　　财务主管：李明　　出纳：何朗　　报销人：赵辉

38-2

现金支付凭单
2021 年 6 月 13 日

领款人：赵辉		
付款用途：补付差旅费		
金额：（大写）伍佰元整		￥500.00
主管领导：姚丽华	财务主管：李明	出纳：张弘 经办人：何朗

【业务 39】

39-1

购 销 合 同

销货方：重庆新兴吸塑包装公司(甲方)

购货方：贵阳浩明光学有限公司(乙方)

甲方于 2021 年 6 月 14 日销售给乙方 PS 植绒内托（150*120）30000 个，PVC 内托（150*120）20000 个，价税共计人民币壹拾捌万零捌佰元整。

为了尽早收回款项，甲方给予乙方现金折扣，条件为 2/10, 1/20, n/30 (不含增值税)。

未尽事宜，双方应本着互利原则协商解决。

甲方(盖章)：重庆新兴吸塑包装公司　　　乙方(盖章)：贵阳浩明光学有限公司

　　法人代表：姚丽华　　　　　　　　　　法人代表：汪彩玲

　　日期：2021 年 06 月 14 日　　　　　　日期：2021 年 06 月 14 日

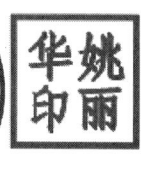

39-2

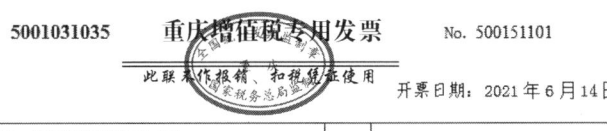

重庆增值税专用发票 No. 500151101

5001031035

开票日期：2021年6月14日

购货单位	名称：贵阳浩明光学有限公司 纳税人识别号：434257765521281 地址、电话：贵州省贵阳市云岩区新建路 12 号 68334566 开户行及账号：工商银行新建路支行 6332341688832499	密码区	517766<98/198533204+<<<-00056 63<+64<->876*98</8765*369+/34 />+216)2>7/3-+47561<>786-/2** +782-/5432<4*-34>>>+923**8870

货物或应税劳务的名称	规格型号	单位	数量	单价	金额	税率	税额
PS 植绒内托	150*120	个	30000	4.00	120000.00	13%	15600.00
PVC 内托	150*120	个	20000	2.00	40000.00	13%	5200.00
合计					¥160000.00		¥20800.00

价税合计(大写)	壹拾捌万零捌佰元整		¥180800.00

销货单位	名称：重庆新兴吸塑包装公司 纳税人识别号：500107543862784 地址、电话：李家沱花溪工业园区立松路 8 号 87794455 开户行及账号：工商银行花溪工业园区支行 6687886666998854345	备注	(重庆新兴吸塑包装公司 500107543862784 发票专用章)

收款人： 复核： 开票人：瑞敏 销货单位专用章

【业务40】

现金盘点报告表

单位名称：重庆新兴吸塑包装公司　　2021年6月15日

实存金额	账存金额	清查结果		备注
		盘盈	盘亏	
5600.00	5700.00		100.00	

处理意见：

盘点人（签章）：李明　　　　　　　　出纳员（签章）：何朗

【业务41】

41-1

重庆增值税普通发票

5001066786　　　　　　　　　　　　No. 500069419

开票日期：2021年6月15日

购货单位	名　　　称：重庆新兴吸塑包装公司 纳税人识别号：500107543862784 地址、电话：李家沱花溪工业园区立崧路8号 87794455 开户行及账号：工商银行花溪工业园区支行 6687886666998854345	密码区	517766*98/198533204+<<<-123*** 63<+64<->876*98</8765*369+/333 />+216)2>7/3-+47561<>786-/2777 +782-/5432<4*-34>>+923*345000

货物或应税劳务、服务的名称	规格型号	单位	数量	单价	金额	税率	税额
法律服务费					9433.96	6%	566.04
合计					¥9433.96		¥566.04

价税合计（大写）：壹万元整　　　　　　　　　　　¥10000.00

销货单位	名　　　称：湖北大天（重庆）律师事务所 纳税人识别号：884431135462832 地　址、电话：江北区大运路79号 65478891 开户行及账号：中国银行大运路支行 4561641655678470	备注	（发票专用章） 湖北大天（重庆）律师事务所 884431135462832

收款人：　　　复核：　　　开票人：郭明　　　销货单位（章）

41-2

中国工商银行（渝）
转账支票存根

IX II 30121469

附加信息＿＿＿＿＿＿＿＿＿＿

出票日期 2021 年 6 月 15 日

收款人：湖北大天（重庆）律师事务所

金　额：¥10000.00

用　途：律师咨询费

备　注：

单位主管：李明　会计：游敏

四、重庆新兴吸塑包装公司资料

【业务42】

42-1

重庆增值税专用发票

5001065099　　　　　　　　　　　　　　　No. 5000692123

抵扣联

开票日期：2021 年 06 月 15 日

购货单位	名　称：重庆新兴吸塑包装公司 纳税人识别号：500107543862784 地址、电话：李家沱花溪工业园区立崧路8号 87794455 开户行及账号：工商银行花溪工业园区支行　6687886666998854345	密码区	517766<98/198533204+<<<-12690 63<+64<->876*98</8765*369+//# />+216>2>7/3-+47561<>786-/220 +782-/5432<4*-34>>>+923*34556

货物或应税劳务的名称	规格型号	单位	数量	单价	金额	税率	税额
运输费			1	1000	1000.00	9%	90.00
合计					￥1000.00		￥90.00

价税合计（大写）	壹仟零玖拾元整	￥1090.00

销货单位	名　称：重庆顺丰有限责任公司 纳税人识别号：434788853346734 地址、电话：大渡口区颐园路3号附1 85332513 开户行及账号：工商银行大渡口支行　6456346666956782	备注	（重庆顺丰有限责任公司发票专用章 434788853346734）

收款人：　　　复核：　　　开票人：陈长　　　销货单位（章）：

42-2

重庆增值税专用发票

5001065099　　　　　　　　　　　　　　　No. 5000692123

发票联

开票日期：2021 年 06 月 15 日

购货单位	名　称：重庆新兴吸塑包装公司 纳税人识别号：500107543862784 地址、电话：李家沱花溪工业园区立崧路8号 87794455 开户行及账号：工商银行花溪工业园区支行　6687886666998854345	密码区	517766<98/198533204+<<<-12690 63<+64<->876*98</8765*369+//# />+216>2>7/3-+47561<>786-/220 +782-/5432<4*-34>>>+923*34556

货物或应税劳务的名称	规格型号	单位	数量	单价	金额	税率	税额
运输费			1	1000	1000.00	9%	90.00
合计					￥1000.00		￥90.00

价税合计（大写）	壹仟零玖拾元整	￥1090.00

销货单位	名　称：重庆顺丰有限责任公司 纳税人识别号：434788853346734 地址、电话：大渡口区颐园路3号附1 85332513 开户行及账号：工商银行大渡口支行　6456346666956782	备注	（重庆顺丰有限责任公司发票专用章 434788853346734）

收款人：　　　复核：　　　开票人：陈长　　　销货单位（章）：

42-3

现金支付凭单
2021年6月15日

领款人：重庆顺丰有限责任公司 程成
付款用途：运输费
金额：（大写）壹仟零玖拾元整　　　￥1090.00
主管领导：姚丽华　　财务主管：李明　　出纳：何朗　　制单人：何朗

（现金付讫）

【业务43】

现金盘点报告表

单位名称：重庆新兴吸塑包装公司　　　　2021年6月16日

实存金额	账存金额	清查结果		备注
		盘盈	盘亏	
5600.00	5700.00		100.00	
处理意见： 出纳保管不善，由其进行赔偿。 姚丽华 2021年6月16日					

盘点人（签章）：李明　　　　出纳员（签章）：何朗

【业务44】

中国工商银行 借款借据

2021 年 6 月 16 日　　借款编号：2013497301

借款企业名称	重庆新兴吸塑包装公司	结算户账号	6687886666998854345	贷款户账号	6687886666998854345
贷款用途	日常经营	贷款种类	短期贷款		
借款金额	人民币（大写）伍万元整				¥50000000
银行审查意见：	到期日期	2021 年 9 月 16 日	利率	年息 8%	

工行重庆花溪工业园区支行 盖章

中国工商银行股份有限公司重庆花溪工业园区支行
2021 年 6 月 16 日
办讫章

【业务45】

投资协议

接受投资单位：重庆新兴吸塑包装公司（甲方）

投资人：王华（乙方）

甲、乙双方为了实现合作共赢的理念，现协议如下：

（1）乙方以其拥有的一项专利技术向甲方投资。评估价值 50 万元，签订合同之日起交付专利技术。

（2）未经甲方同意，乙方不得随意抽回投资。

（3）乙方以 50 万元作为投资额，使企业注册资本增加 50 万元。乙方增加投资后共占重庆新兴吸塑包装公司总投资额的 22.31%，并按此投资比例享受年利润的分配。

甲方(盖章)：重庆新兴吸塑包装公司　　乙方(盖章)：王华

法人代表：姚丽华

日期：2021 年 06 月 16 日　　日期：2021 年 06 月 16 日

四、重庆新兴吸塑包装公司资料 111

【业务46】

46-1

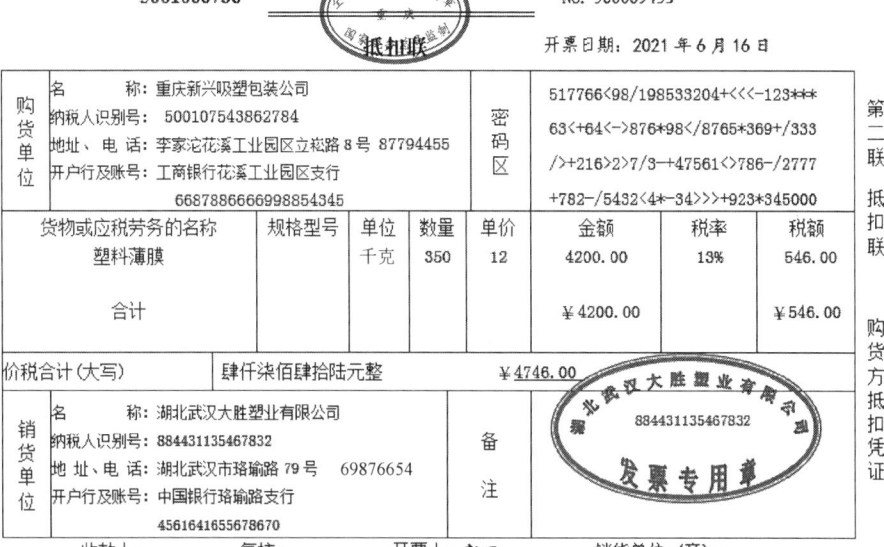

46-2

46-3

中国工商银行（渝）
转账支票存根
IX II 30122334

附加信息_____

出票日期 2021 年 6 月 16 日

收款人：湖北武汉大胜塑业有限公司	
金　额：¥4746.00	
用　途：货款	
备　注：	

单位主管：李明　会计：游敏

【业务47】

47-1

领　料　单
2021 年 6 月 17 日

领料部门：生产车间　　领料用途：PVC 内托　　仓库：原材料库　单号：07

材料名称	规格型号	计量单位	出库数量	金额
塑料薄膜		千克	410	
纸箱		个	300	
合计				

仓库保管：王亚楠　　　　　　　　　领料人：张敏

第三联交财务科

47-2

领 料 单
2021 年 6 月 17 日

领料部门：生产车间　　领料用途：PVC 内托　　仓库：原材料库　单号：08

材料名称	规格型号	计量单位	出库数量	金额
塑料薄膜		千克	270	
纸箱		个	800	
合计				

仓库保管：王亚楠　　　　　　　　领料人：张敏

第三联交财务科

47-3

领 料 单
2021 年 6 月 17 日

领料部门：生产车间　　领料用途：车间耗用　　仓库：原材料库　单号：09

材料名称	规格型号	计量单位	出库数量	金额
纸箱		个	40	
合计				

仓库保管：王亚楠　　　　　　　　领料人：张敏

第三联交财务科

四、重庆新兴吸塑包装公司资料

【业务48】

48-1

5001031035　　　重庆增值税专用发票　　No. 500151101

此联不作报销、扣税凭证使用　开票日期：2021年6月17日

购货单位	名　　称：重庆小圣汽车配件发展有限公司 纳税人识别号：878567423198135 地址、电话：江南大道29号渝能汽配城1-32号 65948273 开户行及账号：工商银行江南大道支行 4566776666324898233	密码区	517766<98/198533204+<<<-1//// 63<+64<->876*98</8765*369+/%% />+216>2>7/3-+47561<>786-/2## +782-/5432<4*-34>>>+*923*/7799

货物或应税劳务的名称	规格型号	单位	数量	单价	金额	税率	税额
PVC 内托	250*150	个	30000	3.00	90000.00	13%	11700.00
合计					￥90000.00		￥11700.00

价税合计（大写）	壹拾万零壹仟柒佰元整	￥101700.00

销货单位	名　　称：重庆新兴吸塑包装公司 纳税人识别号：500107543862784 地址、电话：李家沱花溪工业园区立松路8号 87794455 开户行及账号：工商银行花溪工业园区支行 6687886666998854345	备注	

收款人：　　　复核：　　　开票人：游敏　　　销货单位（章）：

48-2

中国工商银行进账单（回单）

2021年6月17日　　NO. 12456

汇款人	全　称	重庆小圣汽车配件发展有限公司	收款人	全　称	重庆新兴吸塑包装公司
	账　号	4566776666324898233		账　号	6687886666998854345
	开户银行	工商银行江南大道支行		开户银行	工商银行花溪工业园区分行

人民币（大写）壹拾万零壹仟柒佰元整	千百十万千百十元角分
	￥ 1 0 1 7 0 0 0 0

票据种类	转账支票
票据张数	1张
单位主管　李明　　会计　游敏	
复核　　　　　　　记账	

中国工商银行股份有限公司重庆花溪工业园区支行
收款人开户行盖章
2021年6月17日
转讫

【业务 49】

49-1

关于坏账损失收回的处理

公司财务部：

6月17日，收回之前确认的浙江康德五金加工制造有限公司的坏账损失20000元，经批准，将其转作营业外收入。

重庆新兴吸塑包装公司
2021年06月17日

49-2

中国工商银行进账单（回单）

2021年6月17日 NO. 12466

汇款人	全称	浙江康德五金加工制造有限公司	收款人	全称	重庆新兴吸塑包装公司
	账号	32363737788337789		账号	6687886666998854345
	开户银行	中国银行永康支行		开户银行	工商银行花溪工业园区分行

	千	百	十	万	千	百	十	元	角	分
人民币（大写）贰万元整				¥2	0	0	0	0	0	0

票据种类	转账支票
票据张数	1张
单位主管 李明 会计 游敏	
复核 记账	

中国工商银行股份有限公司重庆花溪工业园区支行
2021年6月17日
收款人开户行盖章
转讫

【业务 50】

中国工商银行

大额支付入账通知书

付款方户名：武汉市三富机电制造有限公司
付款方账号：54676772222246677
付款方开户行：309303001900
收款方户名：重庆新兴吸塑包装公司
收款方账号：6687886666998854345
收款方开户行：103545222000
入账日期：20210618　　小写金额：68000.00　　大写金额：陆万捌仟元整
报单日期：20210618　　币种：人民币
发起行行号：309303001900
发起行名称：中国银行西安大街支行
接收行行号：103545222000
接收行名称：中国工商银行花溪工业园区支行
附言：
支付交易序号：322756　　业务种类：汇兑-电汇
交易种类：大额　　受托凭证日期：20210618　　受托凭证号码：27038030

打印日期：20210618　　行号：　　打印柜员：9999　　页码：[60]

中国工商银行股份有限公司重庆花溪工业园区支行
2021 年 6 月 18 日
转讫

【业务 51】

收 料 单

收料仓库：原材料库　　2021 年 06 月 18 日　　收料单编号：120604

材料名称	单位	数量		单价	材料金额	运杂费	实际成本
		应收数	实收数				
塑料薄膜	千克	350					
合　　计							
备注	短缺的5千克为自然损耗						

主管：张慧洁　　质量检验员：张悦　　入库验收：李斯敏　　仓库保管：王亚楠

【业务52】

收　　　据
2021 年 6 月 18 日　　　　NO 2013255

今收到　湖南胜航包装材料有限公司支付违约金

金额（大写）　壹仟元整　（￥1000.00）

单位盖章：　　　　　　　经手人签章　何朗

第三联　记账

【业务53】

费 用 报 销 单

部门：车间　　　　2021年06月18日　　　　编号：1453

名　称	金　额	结 算 方 式
维修费	500.00	1.冲借款_____元
		2.转账_____元
	现金付讫	3.汇款_____元
		4.现金付讫_____元
合计：（大写）伍佰元整		

单位负责人　姚晓华　　主管：　李明　　复核：蒲敏　　出纳：何朗　　报销人：张敏

四、重庆新兴吸塑包装公司资料

【业务54】

54-1

重庆增值税专用发票

代码：5001065399 代开
No. 5000692123
开票日期：2021年06月18日

购货单位	名称：重庆新兴吸塑包装公司
	纳税人识别号：500107543862784
	地址、电话：李家沱花溪工业园区立嵩路8号 87794455
	开户行及账号：工商银行花溪工业园区支行 6687886666998854345

密码区：
```
517766<98/198533204+<<<-12690
63<+64<->876*98</8765*369+//#
/>+216)2)7/3-+47561<>786-/220
+782-/5432<4*-34)>>+923*34556
```

货物或应税劳务的名称	规格型号	单位	数量	单价	金额	税率	税额
仓储费			1	10000	10000.00	3%	300.00
合计					¥10000.00		¥300.00

价税合计（大写）：壹万零叁佰元整 ¥10300.00

销货单位	名称：国家税务总局重庆市沙坪坝税务局（代开机关）
	纳税人识别号：577888853346734 （代开机关）
	地址、电话：沙坪坝区凤天路134号附1 789332513
	开户行及账号：工商银行大渡口支行 3346346666956782

备注：代开企业税号：4347888533444732；代开企业名称：重庆捷达物流管理有限公司，货物（服务）名称：仓储费

收款人： 复核： 开票人：陈云 销货单位（章）：

第二联 抵扣联 购货抵扣账凭证

54-2

重庆增值税专用发票

代码：5001065399 代开
No. 5000692123
开票日期：2021年06月18日

购货单位	名称：重庆新兴吸塑包装公司
	纳税人识别号：500107543862784
	地址、电话：李家沱花溪工业园区立嵩路8号 87794455
	开户行及账号：工商银行花溪工业园区支行 6687886666998854345

密码区：
```
517766<98/198533204+<<<-12690
63<+64<->876*98</8765*369+//#
/>+216)2)7/3-+47561<>786-/220
+782-/5432<4*-34)>>+923*34556
```

货物或应税劳务的名称	规格型号	单位	数量	单价	金额	税率	税额
仓储费			1	10000	10000.00	3%	300.00
合计					¥10000.00		¥300.00

价税合计（大写）：壹万零叁佰元整 ¥10300.00

销货单位	名称：国家税务总局重庆市沙坪坝税务局（代开机关）
	纳税人识别号：577888853346734 （代开机关）
	地址、电话：沙坪坝区凤天路134号附1 789332513
	开户行及账号：工商银行大渡口支行 3346346666956782

备注：代开企业税号：4347888533444732；代开企业名称：重庆捷达物流管理有限公司，货物（服务）名称：仓储费

收款人： 复核： 开票人：陈云 销货单位（章）：

第三联 发票联 购货方记账凭证

54-3

中国工商银行（渝）
转账支票存根
Ⅸ Ⅱ 30122334

附加信息 _____

出票日期 2021 年 6 月 18 日

收款人：重庆捷达物流管理有限公司
金　额：￥10300.00
用　途：仓储费
备　注：

单位主管：李明　会计：游敏

【业务55】

55-1

5001031047　重庆增值税专用发票　No. 500151132

此联为信报销、扣税凭证使用　开票日期：2021 年 6 月 19 日

购货单位	名　称：重庆光明吸塑包装公司	密码区	517766<98/198533204+<<<-00066 63<+64<->876*98</8765*369+/#* />+216)2>7/3-+47561<>786-/567 +782-/5432<4*-34)>>+923**8209
	纳税人识别号：434257765556776		
	地址、电话：重庆市沙坪坝区小龙坎新街12号 67865743		
	开户行及账号：工商银行小龙坎新街支行		
	6332346666676565		

货物或应税劳务的名称	规格型号	单位	数量	单价	金额	税率	税额
PS植绒片材		吨	2	16380.00	32760.00	13%	4258.80
合计					￥32760.00		￥4258.80

价税合计（大写）	叁万柒仟零壹拾捌元捌角整	￥37018.80

销货单位	名　称：重庆新兴吸塑包装公司	备注
	纳税人识别号：500107543862784	
	地址、电话：李家沱花溪工业园区立嵩路8号 87794455	
	开户行及账号：工商银行花溪工业园区支行	
	6637886666998854345	

收款人：　　复核：　　开票人：游敏　　销货单位（章）

55-2

托 收 凭 证（受理回单）

委托日期 2021年06月19日

业务类型		委托收款（□邮划、□电划）		托收承付（□邮划、□电划）		
付款人	全称	重庆光明吸塑包装公司	收款人	全称	重庆新兴吸塑包装公司	
	账号	6332346666676565		账号	6687886666998854345	
	地址	省重庆市 县	开户行 工行小龙坎新街支行	地址	省重庆市 县	开户行 工行花溪工业园区分行

金额	人民币（大写）叁万柒仟零壹拾捌元捌角整	亿 千 百 十 万 千 百 十 元 角 分
		¥ 3 7 0 1 8 8 0

款项内容	货款	托收凭据名称	委托收款	附寄单证张数	1张
商品发运情况	已发货		合同名称号码		

备注：

款项收妥日期

复核   记账   年 月 日

中国工商银行股份有限公司
花溪工业园区支行
★ 2021.06.19 ★
受理凭证章
收款人开户银行签章

55-3

领 料 单

2021年6月19日

领料部门：销售部门　　领料用途：销售　　仓库：原材料库　　单号：10

材料名称	规格型号	计量单位	出库数量	金额
PS植绒片材		吨	2	
合计				

仓库保管：王亚楠　　　　　　　领料人：张敏

第三联交财务科

【业务56】

收 款 收 据

2021 年 6 月 19 日　　　　　　No. 1012122

交款单位名称（或姓名）	重庆光明吸塑包装公司
摘　　要	包装物租金
人民币	（大写）叁佰元整　　￥300.00
备　　注	

现金收讫

第三联 记账联

复核：海威　　出纳：何朗　　经手人：曹仕

【业务57】

平安证券沙坪坝营业部成交过户交割单

日期：2021.06.20	业务名称：股利入账
股东账号：965553214	合同号：
股东姓名：重庆新兴吸塑包装公司	成交编号：
股票代码：600005	申报时间：
股票名称：武钢股份	成交时间：15:30:10
买卖方向：股利入账	佣金：0.00
成交价格：	印花税：0.00
成交数量：	过户费：0.00
成交金额：	其他费用：0.00
实际收付：2000.00	备注：股利入账
	领取已宣告现金股利2000元
	打印时间：2021年06月20日
经办单位：平安证券沙坪坝营业部	客户签名：姚丽华

【业务 58】

58-1

重庆增值税专用发票

5001066765　　　　　　　　　　　　　　　No. 500069467

抵扣联　　　　　　　　　　开票日期：2021年6月20日

购货单位	名称：重庆新兴吸塑包装公司 纳税人识别号：500107543862784 地址、电话：李家沱花溪工业园区立松路8号 87794455 开户行及账号：工商银行花溪工业园区支行 6687886666998854345	密码区	517766<98/198533204+<<<-122 63<+64<->876*98</8765*369+- />+216)2>7/3-+47561<>*786-*9 +782-/5432<4*-34>>>+923*3/#

货物或应税劳务的名称	规格型号	单位	数量	单价	金额	税率	税额
PVC 片材		吨	10	9000.00	90000.00	13%	11700.00
PS 植绒片材		吨	10	12000.00	120000.00	13%	15600.00
合计					￥210000.00		￥27300.00

价税合计（大写）　贰拾叁万柒仟叁佰元整　　￥237300.00

销货单位	名称：重庆江南塑胶有限公司 纳税人识别号：434787878463483 地址、电话：九龙坡区南湖路正街2栋6-5 89003244 开户行及账号：工商行九龙广场支行 6433246666648783	备注	

收款人：　　　复核：　　　开票人：　　　销货单位(章)

58-2

重庆增值税专用发票

5001066765　　　　　　　　　　　　　　　No. 500069467

发票联　　　　　　　　　　开票日期：2021年06月20日

购货单位	名称：重庆新兴吸塑包装公司 纳税人识别号：500107543862784 地址、电话：李家沱花溪工业园区立松路8号 87794455 开户行及账号：工商银行花溪工业园区支行 6687886666998854345	密码区	517766<98/198533204+<<<-122 63<+64<->876*98</8765*369+- />+216)2>7/3-+47561<>*786-*9 +782-/5432<4*-34>>>+923*3/*

货物或应税劳务的名称	规格型号	单位	数量	单价	金额	税率	税额
PVC 片材		吨	10	9000.00	90000.00	13%	11700.00
PS 植绒片材		吨	10	12000.00	120000.00	13%	15600.00
合计					￥210000.00		￥27300.00

价税合计（大写）　贰拾叁万柒仟叁佰元整　　￥237300.00

销货单位	名称：重庆江南塑胶有限公司 纳税人识别号：434787878463483 地址、电话：九龙坡区南湖路正街2栋6-5 89003244 开户行及账号：工商行九龙广场支行 6433246666648783	备注	

收款人：　　　复核：　　　开票人：　　　销货单位(章)

58-3

收 料 单

收料仓库：原材料库　　　　2021年06月20日　　　　收料单编号：120605

材料名称	单位	数量		单价	材料金额	运杂费	实际成本
		应收数	实收数				
PVC 片材	吨	10	10	9000	90000.00		90000.00
PS 植绒片材	吨	10	10	12000	120000.00		120000.00
合　　计							￥210000.00
备注							

主管：张慧洁　　　质量检验员：张悦　　　入库验收：李斯敏　　　仓库保管：王亚楠

【业务59】

59-1

委托加工合同

委托方：重庆新兴吸塑包装公司（甲方）

受托方：重庆光明吸塑包装公司（乙方）

经友好协商，甲、乙双方就甲方委托乙方加工生产一批 PVC 内托达成以下协议：

1. 产品名称、规格及加工费

PVC 内托，150*120；加工费5000元（大写人民币伍仟元整）。

2. 订单和交货

（1）甲方提供所需材料，并向乙方书面下达生产订单。

（2）乙方按双方约定的质量标准为甲方生产产品，并于甲方下达订单10日之内生产完毕，交货地点为甲方仓库。

3. 付款

甲方在乙方交货当天付清全部款项。

甲方：重庆新兴吸塑包装公司　　　　乙方：重庆光明吸塑包装公司

代表：姚丽华　　　　　　　　　　　代表：王强

签订日期：2021年6月20日　　　　　签订日期：2021年6月20日

合同专用章

合同专用章

59-2

领 料 单
2021年6月20日

领料部门：生产车间　　用途：委托加工　　仓库：原材料库　　单号：11

材料名称	规格型号	计量单位	出库数量	金额
PVC片材		吨	2	
合计				

库管员：王亚楠　　　　　　　领料人：张敏

第三联 交财务科

【业务60】

60-1

重庆增值税专用发票

5001065047

No. 5000691176

开票日期：2021年06月20日

购货单位	名　　称：重庆新兴吸塑包装公司
	纳税人识别号：500107543862784
	地址、电话：李家沱花溪工业园区立桅路8号　87794455
	开户行及账号：工商银行花溪工业园区支行
	6687886666998854345

密码区：
517766<98/198533204+<<<-666#@
63<+64<->876*98</8765*369+//0
/>+216>2>7/3-+47561<>786-/7*9
+782-/5432<4*-34>>>+900/**888

货物或应税劳务的名称	规格型号	单位	数量	单价	金额	税率	税额
工业用电			72995.00	0.70	51096.50	13%	6642.55
合计					￥51096.50		￥6642.55

价税合计（大写）：伍万柒仟柒佰叁拾玖元零伍分　　￥57739.05

销货单位	名　　称：国网重庆电力有限公司巴南供电公司
	纳税人识别号：500345565844563
	地址、电话：重庆市巴南区巴支路18号　66788971
	开户行及账号：工商银行巴南区支行
	6787786666209981231

备注：
国网重庆电力有限公司巴南供电公司
500345565844563
发票专用章

收款人：　　　复核：　　　开票人：李华　　　销货单位（章）：

第二联 抵扣联 购货方扣税凭证

60-2

| 5001065047 | 重庆增值税专用发票 | No. 5000691176 |

开票日期：2021年6月20日

| 购货单位 | 名　　　称：重庆新兴吸塑包装公司
纳税人识别号：500107543862784
地 址、电 话：李家沱花溪工业园区立松路8号 87794455
开户行及账号：工商银行花溪工业园区支行
　　　　　　　6687886666998854345 | 密码区 | 517766<98/198533204+<<<-666#@
63<+64<->876*98</8765*369+//0
/>+216>2>7/3-+47561<>786-/*9
+782-/5432<4*-34>>>+900/**888 |

货物或应税劳务的名称	规格型号	单位	数量	单价	金额	税率	税额
工业用电			72995.00	0.70	51096.50	13%	6642.55
合计					￥51096.50		￥6642.55

价税合计(大写)：伍万柒仟柒佰叁拾玖元零伍分　￥57739.05

| 销货单位 | 名　　　称：国网重庆电力有限公司巴南供电公司
纳税人识别号：500345565844563
地 址、电 话：重庆市巴南区巴支路18号 66788971
开户行及账号：工商银行巴南区支行
　　　　　　　6787786666209981231 | 备注 | 国网重庆电力有限公司巴南供电公司
500345565844563
发票专用章 |

收款人：　　复核：　　开票人：李华　　销货单位(章)：

60-3

中国工商银行（渝）
转账支票存根
Ⅸ Ⅱ 30121469

附加信息＿＿＿＿＿＿＿＿＿＿

出票日期 2021 年 6 月 20 日

收款人：国网重庆电力有限公司巴南供电公司

金　额：￥57739.05

用　途：　电费

备　注：

单位主管：李明　会计：胡敏

四、重庆新兴吸塑包装公司资料　141

【业务61】

61-1

重庆增值税专用发票

5001065123　　　　　　　　　　　　　　No. 5000666719

抵扣联　　　　　　　　　开票日期：2021年06月21日

购货单位	名　称：重庆新兴吸塑包装公司 纳税人识别号：500107543862784 地址、电话：李家沱花溪工业园区立砬路8号　87794455 开户行及账号：工商银行花溪工业园区支行 6687886666998854345	密码区	517766<98/198533204+<<<-55%% 63<+64<->876*98</8765*369+// />+216>2>7/3-+47561<>786-/66 +782-/5432<4*-34>>>+923*3458	第二联 抵扣联 购货方扣税凭证

货物或应税劳务的名称	规格型号	单位	数量	单价	金额	税率	税额
工业用水			4916	3.197512	15718.97	13%	2043.47
合计					¥15718.97		¥2043.47

价税合计（大写）	壹万柒仟柒佰陆拾贰元肆角肆分　　　¥17762.44

销货单位	名　称：重庆巴南水务有限公司 纳税人识别号：500345565844563 地址、电话：重庆市巴南区巴支路145号　66788940 开户行及账号：工商银行巴南区支行 6787786666209985679	备注	重庆巴南水务有限公司 500345565844563 发票专用章

收款人：　　　　复核：　　　　开票人：张华　　　　销货单位（章）：

61-2

重庆增值税专用发票

5001065123　　　　　　　　　　　　　　No. 5000666719

发票联　　　　　　　　　开票日期：2021年06月21日

购货单位	名　称：重庆新兴吸塑包装公司 纳税人识别号：500107543862784 地址、电话：李家沱花溪工业园区立砬路8号　87794455 开户行及账号：工商银行花溪工业园区支行 6687886666998854345	密码区	517766<98/198533204+<<<-55%% 63<+64<->876*98</8765*369+// />+216>2>7/3-+47561<>786-/66 +782-/5432<4*-34>>>+923*3458	第三联 发票联 购货方记账凭证

货物或应税劳务的名称	规格型号	单位	数量	单价	金额	税率	税额
工业用水			4916	3.197512	15718.97	13%	2043.47
合计					¥15718.97		¥2043.47

价税合计（大写）	壹万柒仟柒佰陆拾贰元肆角肆分　　　¥17762.44

销货单位	名　称：重庆巴南水务有限公司 纳税人识别号：500345565844563 地址、电话：重庆市巴南区巴支路145号　66788940 开户行及账号：工商银行巴南区支行 6787786666209985679	备注	重庆巴南水务有限公司 500345565844563 发票专用章

收款人：　　　　复核：　　　　开票人：张华　　　　销货单位（章）：

61-3

中国工商银行（渝）
转账支票存根
Ⅸ Ⅱ 30121470

附加信息_____

出票日期 2021 年 6 月 21 日

| 收款人：重庆巴南水务有限公司 |
| 金　额：￥17762.44 |
| 用　途：水费 |
| 备　注： |

单位主管：李明　会计：游敏

【业务62】

62-1

领　料　单
2021年6月21日

领料部门：生产车间　　领料用途：PVC内托　　仓库：原材料库　　单号：12

材料名称	规格型号	计量单位	出库数量	金额
PVC片材		吨	6	
合计				

仓库保管：王亚楠　　　　　　　领料人：张敏

第三联交财务科

62-2

领 料 单

2021年6月21日

领料部门：生产车间　　　领料用途：PS植绒内托　　　仓库：原材料库　单号：13

材料名称	规格型号	计量单位	出库数量	金额
PS植绒片材		吨	6	
合计				

仓库保管：王亚楠　　　　　　　　　领料人：张敏

第三联交财务科

62-3

领 料 单

2021年6月21日

领料部门：生产车间　　　领料用途：PS植绒内托　　　仓库：原材料库　　单号：14

材料名称	规格型号	计量单位	出库数量	金额
PS植绒片材		吨	2	
合计				

仓库保管：王亚楠　　　　　　　　　领料人：张敏

第三联交财务科

【业务63】

【业务64】

64-1

64-2

中国工商银行(渝)
转账支票存根
IX II 30121479

附加信息＿＿＿＿＿＿＿＿＿＿＿

出票日期 2021 年 6 月 22 日

收款人：	重庆赛博数码科技公司
金　额：	¥8475.00
用　途：	贷款
备　注：	

单位主管：李明　会计：游敏

64-3

重庆新兴吸塑包装公司
福利发放单

内容：平板电脑　　来源：外购　　部门：销售部

姓名	领用签字
刘悦	刘悦
陈德纲	陈德纲
吴华	吴华
曾仕	曾仕
蒋浩	蒋浩

单位负责人：姚丽华　主管：李明　财务：游敏　库管：王亚楠

四、重庆新兴吸塑包装公司资料

【业务 65】

65-1

重庆增值税专用发票

5001065045　　　　　　　　　　　　　　　　　　No. 5000692334

抵扣联　　　　　　　　　　　　　开票日期：2021 年 06 月 22 日

购货单位	名　　称：重庆新兴吸塑包装公司 纳税人识别号：500107543862784 地　址、电　话：李家沱花溪工业园区立裁路8号　87794455 开户行及账号：工商银行花溪工业园区支行 　　　　　　　　6687886666998854345	密码区	517766<98/198533204+<<<-7890- 63<+64<->876*98</8765*369#*56 />+216>2>7/3-+47561<>786-/2@4 +782-/5432<4*-34>>>+923*7%567

货物或应税劳务的名称	规格型号	单位	数量	单价	金额	税率	税额
电脑		台	5	4000.00	20000.00	13%	2600.00
合计					￥20000.00		￥2600.00

价税合计（大写）	贰万贰仟陆佰元整	￥22600.00

| 销货单位 | 名　　称：重庆赛博数码科技公司
纳税人识别号：500345565862789
地　址、电　话：沙坪坝区三峡广场三峡支路18号　85443366
开户行及账号：工商银行三峡广场支行
　　　　　　　　6787786666209988345 | 备注 |  |

收款人：　　　　复核：　　　　开票人：张强　　　销货单位（章）：

65-2

重庆增值税专用发票

5001065045　　　　　　　　　　　　　　　　　　No. 5000692334

发票联　　　　　　　　　　　　　开票日期：2021 年 06 月 22 日

购货单位	名　　称：重庆新兴吸塑包装公司 纳税人识别号：500107543862784 地　址、电　话：李家沱花溪工业园区立裁路8号　87794455 开户行及账号：工商银行花溪工业园区支行 　　　　　　　　6687886666998854345	密码区	517766<98/198533204+<<<-7890- 63<+64<->876*98</8765*369#*56 />+216>2>7/3-+47561<>786-/2@4 +782-/5432<4*-34>>>+923*7%567

货物或应税劳务的名称	规格型号	单位	数量	单价	金额	税率	税额
电脑		台	5	4000.00	20000.00	13%	2600.00
合计					￥20000.00		￥2600.00

价税合计（大写）	贰万贰仟陆佰元整	￥22600.00

| 销货单位 | 名　　称：重庆赛博数码科技公司
纳税人识别号：500345565862789
地　址、电　话：沙坪坝区三峡广场三峡支路18号　85443366
开户行及账号：工商银行三峡广场支行
　　　　　　　　6787786666209988345 | 备注 | |

收款人：　　　　复核：　　　　开票人：张强　　　销货单位（章）：

65-3

中国工商银行 （渝）
转账支票存根
IX II 30121479

附加信息_____

出票日期 2021 年 6 月 22 日

收款人：	重庆赛博数码科技公司
金　额：	￥22600.00
用　途：	货款
备　注：	

单位主管：李明　会计：游敏

65-4

固定资产交付使用验收单

使用部门：行政部　　　　　交接日期：2021年6月22日

固定资产编号	固定资产名称	单位数量	型号	购建原价或自制成本	
				每台单价	4000.00
				总　值	20000.00
	电脑	5台	Lenovo-H	安装费	0
				合　计	￥20000.00
主要规格及说明				经安装调试合格	
出厂日期	2021.6.22	预计使用年限	5年	估计重置价值	
				预计净残值率	4%

技术验收：陆飞　　　使用部门：行政部　　　财会部门：李明

注：在固定资产模块中增加固定资产（填5张卡片）。

四、重庆新兴吸塑包装公司资料　　155

【业务66】

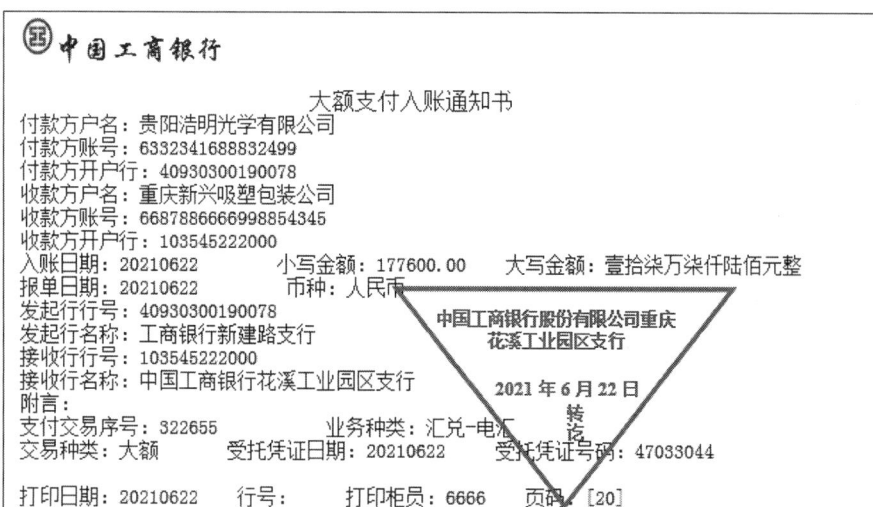

【业务67】

67-1

重庆增值税专用发票

5001065042　　　　　　　　　　　　　No. 5000692218

开票日期：2021年06月23日

购货单位	名　称：重庆鑫福工具制造公司 纳税人识别号：534578784912221 地址、电话：重庆市北碚区劳动村15号 86733478 开户行及账号：农业银行劳动村支行 　　　　　　　4367667849323135				密码区	007766<98/198533204+<<<-111 63<+64<->876*98</8765*369+/ />+216)2>7/3-+47561<>786-/9 +782-/5432<4*-34>>>+923*555		
	货物或应税劳务的名称	规格型号	单位	数量	单价	金额	税率	税额
	PVC内托		个	50000	2.36	118000.00	13%	15340.00
	合计					￥118000.00		￥15340.00
价税合计（大写）	壹拾叁万叁仟叁佰肆拾元整					￥133340.00		
销货单位	名　称：重庆新兴吸塑包装公司 纳税人识别号：500107543862784 地址、电话：李家沱花溪工业园区立松路8号 87794455 开户行及账号：工商银行花溪工业园区支行 　　　　　　　6687886666998854345				备注			

收款人：　　　　复核：　　　　开票人：鸿敏　　　　销货单位（章）：

四、重庆新兴吸塑包装公司资料 157

67-2

商业承兑汇票

出票日期 贰零贰壹年 陆月 贰拾叁日
（大写）

出票人	全称	重庆鑫福工具制造公司	收款人	全称	重庆新兴吸塑包装公司
	账号	4367667849323135		账号	6687886666998854345
付款行	全称	农业银行劳动村支行		开户银行	工商银行花溪工业园区支行
出票金额	人民币（大写）壹拾叁万叁仟叁佰肆拾元整			千百十万千百十元角分 ¥ 1 3 3 3 4 0 0 0	
汇票到期日（大写）	贰零贰壹年玖月贰拾叁日		付款行	行号	309303001922
交易合同	11003E0514022			地址	农业银行劳动村支行
本汇票已经本单位承兑，到期无条件付款			本汇票请予以承兑，于到期日付款。		

出票人签章 日期 2021年6月23日

【业务 68】

68-1

重庆增值税专用发票

5001065045　　　　　　　　　　　　No. 5000692228

开票日期：2021年6月23日

购货单位	名　称： 重庆新兴吸塑包装公司	密码区	777766<98/198533204+<<<-444 63<+64<-876*98</8765*369-* />+216)2>7/3-+47561<>786-@3 +782-/5432<4*-34>>>+923%890
	纳税人识别号： 500107543862784		
	地　址、电　话： 李家沱花溪工业园区立松路8号 87794455		
	开户行及账号： 工商银行花溪工业园区支行 6687886666998854345		

货物或应税劳务的名称	规格型号	单位	数量	单价	金额	税率	税额
加工费				5000.00	5000.00	13%	650.00
合计					¥5000.00		¥650.00
价税合计（大写） 伍仟陆佰伍拾元整					¥5650.00		

销货单位	名　称： 重庆光明吸塑包装公司	备注	
	纳税人识别号： 434257765556776		
	地　址、电　话： 重庆市沙坪坝区劳动支路181号 67865743		
	开户行及账号： 工商银行三峡广场支行 6332346666676565		

收款人：　　　复核：　　　开票人： 张强　　　销货单位（章）：

68-2

重庆增值税专用发票

5001065045 No. 5000692228

发票联 开票日期：2021年6月23日

购货单位	名称：重庆新兴吸塑包装公司				密码区	777766<98/198533204+<<<-444 63<+64<->876*98</8765*369-* />+216>2>7/3-+47561<>786-@3 +782-/5432<4*-34>>>+923%890			第三联 发票联 购货方记账凭证
	纳税人识别号：500107543862784								
	地址、电话：李家沱花溪工业园区立松路8号 87794455								
	开户行及账号：工商银行花溪工业园区支行 6687886666998854345								
货物或应税劳务的名称	规格型号	单位	数量	单价	金额		税率	税额	
加工费				5000.00	5000.00		13%	650.00	
合计					￥5000.00			￥650.00	
价税合计(大写)	伍仟陆佰伍拾元整				￥5650.00				
销货单位	名称：重庆光明吸塑包装公司				备注	重庆光明吸塑包装公司 434257765556776 发票专用章			
	纳税人识别号：434257765556776								
	地址、电话：重庆市沙坪坝区劳动支路181号 67865743								
	开户行及账号：工商银行三峡广场支行 6332346666676565								

收款人：　　复核：　　开票人：张强　　销货单位(章)：

68-3

中国工商银行 （渝）
转账支票存根
IX II 30121479

附加信息＿＿＿＿＿＿
出票日期 2021年6月23日

收款人：重庆光明吸塑包装公司

金　额：￥5650.00

用　途：加工费

备　注：

单位主管：李明　会计：潘敏

【业务 69】

关于应付红星工厂货款无法支付的处理决定

因重庆红星工厂已破产倒闭并完成清算，原欠重庆红星工厂货款 23400 元经公司研究决定，转作营业外收入。

重庆新兴吸塑包装公司
2021 年 6 月 23 日

【业务 70】

产成品入库单

2021 年 6 月 23 日

送存部门：车间　　　仓库：产成品库　　　单号：01

产品名称	计量单位	入库数量	金额
PVC 内托	个	25000	
合计			

库管员：王亚楠　　　送存人：朱强

第三联交财务科

【业务71】

【业务72】

72-1

	银行承兑汇票		2 20800308 3703402
出票日期	贰零贰壹年零壹月 壹拾贰日（大写）		
出票人全称	重庆商贸集团有限公司	全称	重庆光明吸塑包装公司
出票人账号	64762366666875499237	账号	6332346666676565
付款行全称	工商银行渝州路支行	开户银行	工商银行小龙坎新街支行
出票金额	人民币（大写）贰拾万元整	亿千百十万千百十元角分 ¥ 2 0 0 0 0 0 0 0	
汇票到期日（大写）	贰零贰壹年零柒月壹拾贰日	行号	102610100055
承兑协议编号	234452748732	地址	重庆市渝中区渝州路25号
经承兑，到期无条件付款		本汇票已经承兑，到期日由本行付款 承兑行签章 102610100055 承兑日期 2021年	复印件与原件相符 复核 记账

72-2

粘　　单

被背书人　重庆新兴吸塑包装公司	被背书人　重庆江南塑胶有限公司
2021年4月05日	2021年6月24日

72-3

中国工商银行（渝）
转账支票存根
Ⅸ Ⅱ 30122999

附加信息＿＿＿＿＿＿＿＿
出票日期 2021年 6月 24日

收款人：重庆江南塑胶有限公司
金　额：￥37300.00
用　途：支付货款
备　注：
单位主管：李明　会计：潇敏

四、重庆新兴吸塑包装公司资料 167

【业务 73】

73-1

5001065042　　　　重庆增值税专用发票　　　No. 5000692219

此联不作报销、扣税凭证使用　　开票日期：2021 年 6 月 25 日

购货单位	名　　称：重庆小圣汽车配件发展有限公司 纳税人识别号：878567423198135 地址、电话：江南大道 29 号渝能汽配城 1-32 号 65948273 开户行及账号：工商银行江南大道支行 4566776666324898233	密码区	517766<98/198533204+<<<-000-63<+64<->876*98</8765*369+/&/>+216>2>7/3-+47561<>786-/23+782-/5432<4*-34>>>+923**88#

货物或应税劳务的名称	规格型号	单位	数量	单价	金额	税率	税额
PS 植绒内托		个	40000	5.40	216000.00	13%	28080.00
合计					￥216000.00		￥28080.00

价税合计（大写）	贰拾肆万肆仟零捌拾元整	￥244080.00

销货单位	名　　称：重庆新兴吸塑包装公司 纳税人识别号：500107543862784 地址、电话：李家沱花溪工业园区立崧路 8 号 87794455 开户行及账号：工商银行花溪工业园区分行 6687886666998854345	备注	

收款人：　　复核：　　开票人：鸿敏　　销货单位（章）：

73-2

中国工商银行进账单（回单）

2021 年 6 月 25 日　　　　NO. 13455

汇款人	全　称	重庆小圣汽车配件发展有限公司	收款人	全　称	重庆新兴吸塑包装公司
	账　号	4566776666324898233		账　号	6687886666998854345
	开户银行	工商银行江南大道支行		开户银行	工商银行花溪工业园区支行

人民币（大写）贰拾肆万肆仟零捌拾元整	千	百	十	万	千	百	十	元	角	分
		￥	2	4	4	0	8	0	0	0

票据种类	转账支票	中国工商银行股份有限公司重庆花溪工业园区支行 收款人开户行盖章 2021 年 6 月 25 日 转讫
票据张数	1 张	
单位主管 李明　　会计 游敏 复核　　　　　　记账		

四、重庆新兴吸塑包装公司资料

【业务74】

74-1

重庆增值税专用发票

5001065042　　　　　　　　　　　　No. 5000693218

抵扣联　　　　　　　　开票日期：2021年6月26日

购货单位	名　　称：重庆新兴吸塑包装公司 纳税人识别号：500107543862784 地址、电话：李家沱花溪工业园区立交路8号 87794455 开户行及账号：工商银行花溪工业园区支行 6687886666998854345	密码区	517766<98/198533204+<<<-123## 63<+64<->876*98</8765*369+/12 />+216>2>7/3-+47561<>786-/%%8 +782-/5432<4*-34>>>+923*89##)

货物或应税劳务的名称	规格型号	单位	数量	单价	金额	税率	税额
展览费				1200.00	1200.00	6%	72.00
合计					¥1200.00		¥72.00

价税合计(大写)	壹仟贰佰柒拾贰元整	¥1272.00

销货单位	名　　称：重庆国际会展中心 纳税人识别号：554443322234455670 地址、电话：重庆南岸区江南大道2号 65507779 开户行及账号：工商银行南岸支行 6787786666209984453	备注	（重庆国际会展中心 554443322234455670 发票专用章）

收款人：　　　　复核：　　　　开票人：吴伟　　　　销货单位(章)：

74-2

重庆增值税专用发票

5001065045　　　　　　　　　　　　No. 5000693218

发票联　　　　　　　　开票日期：2021年6月26日

购货单位	名　　称：重庆新兴吸塑包装公司 纳税人识别号：500107543862784 地址、电话：李家沱花溪工业园区立交路8号 87794455 开户行及账号：工商银行花溪工业园区支行 6687886666998854345	密码区	517766<98/198533204+<<<-123## 63<+64<->876*98</8765*369+/12 />+216>2>7/3-+47561<>786-/%%8 +782-/5432<4*-34>>>+923*89##)

货物或应税劳务的名称	规格型号	单位	数量	单价	金额	税率	税额
展览费				1200.00	1200.00	6%	72.00
合计					¥1200.00		¥72.00

价税合计(大写)	壹仟贰佰柒拾贰元整	¥1272.00

销货单位	名　　称：重庆国际会展中心 纳税人识别号：554443322234455670 地址、电话：重庆南岸区江南大道2号 65507779 开户行及账号：工商银行南岸支行 6787786666209984453	备注	（重庆国际会展中心 554443322234455670 发票专用章）

收款人：　　　　复核：　　　　开票人：吴伟　　　　销货单位(章)：

四、重庆新兴吸塑包装公司资料 | 171

74-3

中国工商银行 （渝）
转账支票存根

IX II 30121479

附加信息_____

出票日期 2021 年 6 月 26 日

收款人：重庆国际会展中心

金　额：￥1272.00

用　途：支付展览费

备　注：

单位主管：李明　会计：晓敏

【业务75】

75-1

重庆增值税专用发票

5001064453　　　　　　　　　　　　　No. 5012692453

抵扣联

开票日期：2021 年 6 月 26 日

购货单位	名　称：重庆新兴吸塑包装公司				密码区	007766<98/198533204+<<<-1278 63<+64<->876*98</8765*369++4 />+216>2>7/3-+47561<>786-/00 +782-/5432<4*-34>>>+923%%777		
	纳税人识别号：500107543862784							
	地址、电话：李家沱花溪工业园区立榕路8号 87794455							
	开户行及账号：工商银行花溪工业园区支行 6687886666998854345							
货物或应税劳务的名称	规格型号	单位	数量	单价		金额	税率	税额
广告费				10500.00		10500.00	3%	315.00
合计						￥10500.00		￥315.00
价税合计（大写）	壹万零捌佰壹拾伍元整					￥10815.00		
销货单位	名　称：国家税务总局重庆市沙坪坝税务局（代开机关）					代开企业税号：4347888533446754；代开企业名称：蒋晓；货物（服务）名称：广告费		
	纳税人识别号：577888853346734　（代开机关）							
	地址、电话：沙坪坝区凤天路134号附1　789332513							
	开户行及账号：工商银行大渡口支行 3346346666956782							

国家税务总局重庆市沙坪坝税务局
代开发票专用章
01

收款人：　　　复核：　　　开票人：乔峰　　　销货单位（章）：

75-2

重庆增值税专用发票

5001064453   No. 5012692453

开票日期：2021年6月26日

购货单位	名　称：	重庆新兴吸塑包装公司				密码区	517766<98/198533204+<<<-1278 63<+64<->876*98</8765*369++4 />+216)2>7/3-+47561<>786-/00 +782-/5432<4*-34>>>+923##777
	纳税人识别号：	500107543862784					
	地　址、电话：	李家沱花溪工业园区立松路8号 87794455					
	开户行及账号：	工商银行花溪工业园区支行 6687886666998854345					

货物或应税劳务的名称	规格型号	单位	数量	单价	金额	税率	税额
广告费				10500.00	10500.00	3%	315.00
合计					¥10500.00		¥315.00

价税合计（大写）	壹万零捌佰壹拾伍元整	¥10815.00	
销货单位	名　称：	国家税务总局重庆市沙坪坝税务局（代开机关）	备注
	纳税人识别号：	577888853346734（代开机关）	代开企业税号：4347888533446754；代开企业名称：蒋晓；货物（服务）名称：广告费
	地　址、电话：	沙坪坝区凤天路134号附1　789332513	
	开户行及账号：	工商银行大渡口支行 3346346666956782	

收款人：　　　复核：　　　开票人：蒋峥　　　销货单位（章）

75-3

中国工商银行 （渝）
转账支票存根
ⅨⅡ 30121479

附加信息＿＿＿＿＿＿＿＿＿＿＿＿＿

出票日期 2021 年 6 月 26 日

收款人：重庆天田广告设计有限公司

金　额：¥1200.00

用　途：广告费

备　注：

单位主管：李明　会计：游敏

【业务76】

76-1

重庆增值税电子普通发票

发票代码: 05001700211
发票号码: 36024908
开票日期: 2021年06月27日
校 验 码: 09883 78453 22333

机器编号: 499089970078966

购货单位	名称: 重庆新兴吸塑包装公司 纳税人识别号: 500107543862784 地址、电话: 李家沱花溪工业园区立松路8号 87794455 开户行及账号: 工商银行花溪工业园区支行 6687886666998854345	密码区	517766<98/198533204+<<<-123 63<+64<->876*98</8765*369+/ />+216>2>7/3-+47561<>786-/2 +782-/5432<4*-34>>>+923*345

货物或应税劳务的名称	规格型号	单位	数量	单价	金额	税率	税额
推广服务费			1	1132.08	1132.08	6%	67.92
合计					¥1132.08		¥67.92

价税合计(大写)　壹仟贰佰元整　　¥1200.00

销货单位	名称: 重庆小马信息技术有限公司 纳税人识别号: 5671075438655678 地址、电话: 重庆市两江新区双彬1路8号 57694325 开户行及账号: 工商银行两江新区支行 6686556666998854231	备注	（发票专用章：重庆小马信息技术有限公司 5671075438655678）

收款人：　　复核：　　开票人：张莹　　销货单位：(章)

76-2

中国工商银行 （渝）
转账支票存根
Ⅸ Ⅱ 30121479

附加信息_____
出票日期 2021年6月27日

收款人：重庆小马信息技术有限公司
金　额：¥1200.00
用　途：推广费
备　注：
单位主管：李明　会计：游敏

四、重庆新兴吸塑包装公司资料 177

【业务77】

77-1

重庆增值税专用发票

50010643222   No. 5012955687

开票日期：2021年6月27日

购货单位	名　称：重庆新兴吸塑包装公司 纳税人识别号：500107543862784 地址、电话：李家沱花溪工业园区立松路8号 87794455 开户行及账号：工商银行花溪工业园区支行 6687886666998854345	密码区	007766<98/198533204+<<<-1278 63<+64<->876*98</8765*369++4 />+216>2>7/3-+859793<>786-/00 +782-/456<4*-34>>>+843%%123

货物或应税劳务的名称	规格型号	单位	数量	单价	金额	税率	税额
非专利技术				200000.00	200000.00	6%	12000.00
合计					¥200000.00		¥12000.00

价税合计（大写）	贰拾壹万贰仟元整	¥212000.00

销货单位	名　称：重庆创意制造有限公司 纳税人识别号：554443322656459 地址、电话：重庆渝中区大坪正街66号 65632008 开户行及账号：工商银行大坪正街支行 6787766666366477889	备注	

收款人：　　复核：　　开票人：剑亮　　销货单位（章）

77-2

重庆增值税专用发票

50010643222   No. 5012955687

开票日期：2021年6月27日

购货单位	名　称：重庆新兴吸塑包装公司 纳税人识别号：500107543862784 地址、电话：李家沱花溪工业园区立松路8号 87794455 开户行及账号：工商银行花溪工业园区支行 6687886666998854345	密码区	007766<98/198533204+<<<-1278 63<+64<->876*98</8765*369++4 />+216>2>7/3-+859793<>786-/00 +782-/456<4*-34>>>+843%%123

货物或应税劳务的名称	规格型号	单位	数量	单价	金额	税率	税额
非专利技术				200000.00	200000.00	6%	12000.00
合计					¥200000.00		¥12000.00

价税合计（大写）	贰拾壹万贰仟元整	¥212000.00

销货单位	名　称：重庆创意制造有限公司 纳税人识别号：554443322656459 地址、电话：重庆渝中区大坪正街66号 65632008 开户行及账号：工商银行大坪正街支行 6787766666366477889	备注	

收款人：　　复核：　　开票人：剑亮　　销货单位（章）

77-3

中国工商银行 （渝）
转账支票存根
IX II 37834728

附加信息＿＿＿＿＿＿＿＿＿
出票日期 2021 年 6 月 27 日

| 收款人：重庆创意制造有限公司 |
| 金　额：￥212000.00 |
| 用　途：　技术款　 |
| 备　注： |

单位主管：李明　会计：潘敏

【业务 78】

78-1

重庆新兴吸塑包装公司第 2 届第 1 次股东会决议

时间：2021 年 6 月 27 日
地点：公司会议室
议题：增加注册资本
主持人：李明
记录人：李明

　根据公司章程的规定，应到股东 3 人，实到股东 3 人，代表股权 100%，符合《中华人民共和国公司法》及有关法律、法规和章程的要求，参加会议的股东一致通过以下决议：

1. 同意增加公司注册资本，由 254 万元增至 274 万元；
2. 同意公司增加部分的注册资本 20 万元，由原股东姚丽华以货币出资。
3. 变更后，公司注册资本为 274 万元人民币，各股东出资情况如下：姚丽华以货币出资 120 万元，占注册资本的 43.8%；叶春以货币出资 100 万元，占注册资本的 36.5%；王华以固定资产出资 4 万元，专利技术出资 50 万元，占注册资本 19.7%。
4. 其他登记事项不变。

全体股东签字：
　　姚丽华　叶春　王华

日期：2021 年 6 月 27 日

四、重庆新兴吸塑包装公司资料

78-2

中国工商银行 现金缴款单（回单）

2021年6月27日

客户填写栏	收款单位	全称	重庆新兴吸塑包装公司	款项来源	姚丽华投资款									
		账号	6687886666998854345	款项类别	现金，本行票据：张									
	人民币（大写）		贰拾万元整			千	百	十万	千	百	十	元	角	分
					￥	2	0	0	0	0	0	0	0	0
银行记录														

中国工商银行股份有限公司 花溪工业园区支行 2021.06.27 受理凭证专用章 收妥抵用

此联是银行给汇款单位的回单

【业务79】

79-1

重庆增值税专用发票

5001065042

No. 5000692218

开票日期：2021年6月27日

购货单位	名　称：	贵阳浩明光学有限公司	密码区	517766<98/198533204+<<<-123 63<+64<->876*98</8765*369+/ />+216)2>7/3-+47561<>786-/2 +782-/5432<4*-34>>>+923*345
	纳税人识别号：	434257765521281		
	地　址、电话：	贵阳市云岩区新建路12号 54635890		
	开户行及账号：	工商银行新建路支行 6332341688832499		

货物或应税劳务的名称	规格型号	单位	数量	单价	金额	税率	税额
PS植绒内托		个	90000	4.55	409500.00	13%	53235.00
合计					￥409500.00		￥53235.00
价税合计（大写）	肆拾陆万贰仟柒佰叁拾伍元整				￥462735.00		

销货单位	名　称：	重庆新兴吸塑包装公司	备注	
	纳税人识别号：	500107543862784		
	地　址、电话：	李家沱花溪工业园区立松路8号 87794455		
	开户行及账号：	工商银行花溪工业园区支行 6687886666998854345		

收款人： 复核： 开票人：  销货单位（章）：

第一联 记账联 销货方记账凭证

四、重庆新兴吸塑包装公司资料　183

79-2

中国工商银行进账单（回单）

2021年6月27日　　　　　　　　NO. 1267

汇款人	全　称	贵阳浩明光学有限公司	收款人	全　称	重庆新兴吸塑包装公司
	账　号	6332341688832499		账　号	6687886666998854345
	开户银行	工商银行新建路支行		开户银行	工商银行花溪工业园区支行

人民币（大写）壹拾万元整	千百十万千百十元角分
	¥ 1 0 0 0 0 0 0 0

票据种类	转账支票	
票据张数	1张	中国工商银行股份有限公司重庆花溪工业园区支行 2021年6月27日 转讫 收款人开户行盖章
单位主管 李明　　会计 游敏		
复核　　　　　　　记账		

【业务80】

80-1

中国工商银行　（渝）
转账支票存根
IX II 30121484

附加信息_____

出票日期 2021年6月27日

收款人：重庆红十字会人道救助基金

金　额：¥50000.00

用　途：捐赠

备　注：

单位主管：李明　会计：游敏

80-2

公益事业捐赠统一票据

单位编码：500107543862784
捐赠人：重庆新兴吸塑包装公司

重庆
2021年6月27日
No 21098998

捐赠项目	实物（外币）种类	数量	金额
公益事业捐赠	用于秀山县扶贫	1	50000

金额合计（小写）50000
金额合计（大写）伍万元整

接受单位盖章： 复核人：杜国忠 开票人：王明

【业务 81】

81-1

重庆增值税电子普通发票

发票代码：05001700212
发票号码：36024908
开票日期：2021 年 6 月 27 日
校验码：09883 78453 22334

机器编号：499089970078965

购货单位	名称：重庆新兴吸塑包装公司 纳税人识别号：500107543862784 地址、电话：李家沱花溪工业园区立松路8号 87794455 开户行及账号：工商银行花溪工业园区支行 66878866669998854345	密码区	517766<98/198533204+<<<-123 63<+64<->876*98</8765*369+/ />+216>2>7/3-+47561<>786-/2 +782-/5432<4*-34>>>+923<345

货物或应税劳务的名称	规格型号	单位	数量	单价	金额	税率	税额
通信费	无	期	1	1100.92	1100.92	9%	99.08
合计							

价税合计（大写） 壹仟贰佰元整 ￥ 1200.00

销货单位	名称：中国电信股份有限公司重庆分公司 纳税人识别号：500234543862754 地址、电话：重庆市巴南区易学路6号 887867754 开户行及账号：工商银行巴南区支行 6684886666998898782	备注	

收款人：肖旦 复核：谭成 开票人：杨青 销货单位（章）

81-2

电话费分配表
2021年6月27日

受益部门	分配金额
生产部门	300.00
管理部门	560.00
销售部门	340.00
合计	1 200.00

单位负责人：姚国华　　主管：李明　　制表：游敏

【业务82】

82-1

重庆增值税普通发票

5001064789　　　　　　　　　　　　No. 500068043

开票日期：2021年6月28日

购货单位	名　　　称：重庆新兴吸塑包装公司 纳税人识别号：500107543862784 地址、电话：李家沱花溪工业园区立松路8号 87794455 开户行及账号：工商银行花溪工业园区支行 6687886666998854345	密码区	517766<98/198533204+<<<-00099 63<+64<>-876*98</8765*369+/22 />+216>2>7/3-+47561<>786-/881 +782-/5432<4*-34>>>+923**9090
货物或应税劳务的名称	规格型号	单位	数量	单价	金额	税率	税额
物业费			1	1500	1500.00	6%	90.00
合计					￥1500.00	6%	90.00
							￥1590.00

价税合计（大写）　壹仟伍佰玖拾贰元整　　　￥1590.00

销货单位	名　　　称：重庆万达广场管理有限公司 纳税人识别号：9843325564247896 地址、电话：重庆市渝北区泰山路17号 73567312 开户行及账号：中国银行泰山路支行 6786544422237981	备注	

收款人：　　复核：　　开票人：栢宵　　销货单位：（章）

四、重庆新兴吸塑包装公司资料

82-2

中国工商银行 （渝）
转账支票存根
IX II 30121484

附加信息_____
出票日期 2021 年 6 月 28 日

收款人：重庆万达广场管理有限公司

金　额：¥1590.00

用　途：物业费

备　注：

单位主管：李明　会计：游敏

【业务83】

83-1

江苏增值税专用发票

5001064789　　　　　　　　　　　No. 500068038

开票日期：2021 年 6 月 28 日

购货单位	名　称：重庆新兴吸塑包装公司 纳税人识别号：500107543862784 地址、电话：李家沱花溪工业园区立松路8号 87794455 开户行及账号：工商银行花溪工业园区支行 6687886666998854345	密码区	517766<98/198533204+<<<-00099 63<+64<->876*98</8765*369+/22 />+216>2>7/3-+47561<>786-/881 +782-/5432<4*-34>>>+923**9090

货物或应税劳务的名称	规格型号	单位	数量	单价	金额	税率	税额
PVC 片材		吨	2	9600.00	19200.00	13%	2496.00
PS 植绒片材		吨	2	12500.00	25000.00	13%	3250.00
合计					￥44200.00		￥5746.00

价税合计（大写）	肆万玖仟玖佰肆拾陆元整	￥49946.00

销货单位	名　称：江苏昆山大宁塑胶厂 纳税人识别号：884643143245678 地址、电话：江苏昆山市大东路178号　77653428 开户行及账号：中国银行大东路支行 6756534565237864	备注	

收款人：　　　复核：　　　开票人：陈路

四、重庆新兴吸塑包装公司资料

83-2

江苏增值税专用发票

5001064789　　　　　　　　　　　　　　　No. 500068038

开票日期：2021年6月28日

购货单位	名　　称	重庆新兴吸塑包装公司			密码区	517766<98/198533204+<<<-00099 63<+64<->876*98</8765*369+/22 />+216>2>7/3-+47561<>786-/881 +782-/5432<4*-34>>>+923**9090		
	纳税人识别号	500107543862784						
	地址、电话	李家沱花溪工业园区立檀路8号 87794455						
	开户行及账号	工商银行花溪工业园区支行 66878666669988854345						
货物或应税劳务的名称		规格型号	单位	数量	单价	金额	税率	税额
PVC片材			吨	2	9600.00	19200.00	13%	2496.00
PS植绒片材			吨	2	12500.00	25000.00	13%	3250.00
合计						￥44200.00		￥5746.00
价税合计（大写）		肆万玖仟玖佰肆拾陆元整				￥49946.00		
销货单位	名　　称	江苏昆山大宁塑胶厂			备注			
	纳税人识别号	884643143245678						
	地址、电话	江苏昆山市大东路178号 77653428						
	开户行及账号	中国银行大东路支行 6756534565237864						

收款人：　　　复核：　　　开票人：陆路　　　销货单位（章）：

83-3

中国工商银行电汇凭证（回单）

委托日期 2021年6月28日　　　　　NO. 4021

汇款人	全　称	重庆新兴吸塑包装公司	收款人	全　称	江苏昆山大宁塑胶厂
	账　号	500107666662784		账　号	6756534565237864
	汇出银行	工商银行花溪工业园区支行		汇入银行	中国银行大东路支行
人民币（大写）		肆万玖仟玖佰肆拾陆元整		千百十万千百十元角分	￥4994600
汇款用途		货款			汇款人开户行盖章

【业务84】

84-1

重庆市社会团体统一收据

缴款单位或个人：重庆新兴吸塑包装公司　　2021年6月28日　　NO.00098198

项目编码	项目名称	数量	金额（千百十万千百十元角分）
99901	社会团体费	1	¥200000

合计人民币（大写）×佰×仟×万贰仟零元零角零分　　¥200000

收款单位盖章：重庆市包装企业协会　　复核人：张强　　开票人：戚菝

84-2

中国工商银行　（渝）
转账支票存根

IX II 30121484

附加信息＿＿＿＿＿＿＿＿＿＿

出票日期 2021年6月28日

收款人：重庆市包装企业协会

金　额：¥2000.00

用　途：会费

备　注：

单位主管：李明　会计：潘敏

【业务 85】

收 料 单

收料仓库：原材料库　　　2021年6月20日　　　收料单编号：120606

材料名称	单位	数量		单价	材料金额	运杂费	实际成本
		应收数	实收数				
PS植绒片材	吨	5	5	13000.00	65000.00		65000.00
合　　计							￥65000.00
备注							

主管：张慧洁　　质量检验员：张悦　　入库验收：李斯敏　　仓库保管：王亚楠

【业务 86】

电量消耗统计表
2021年6月30日

受益部门	用电量（度）	单价	金额
生产部门	85000	0.70	59500.00
管理部门	900	0.70	630.00
销售部门	400	0.70	280.00
合计	86300		￥60410.00

主管：李明　　　审核：谯敏　　　统计制表：谯敏

【业务 87】

用水消耗统计表
2021 年 6 月 30 日

受益部门	用水量（吨）	单价（元/吨）	金额（元）
生产部门	5200	3.21	16692.00
管理部门	24	3.21	77.04
销售部门	22	3.21	70.62
合计	5246		￥16839.66

主管：李明　　　审核：　　　统计制表：鹏敏

【业务 88】

固定资产折旧计算表
2021 年 6 月 30 日

部门	名称	增加时间	原值	使用年限	净残值率	月折旧率	月折旧额
行政部	电脑1	2018.4.1	12000	6	4%	1.33%	159.6
财务部	电脑2	2018.4.1	12000	6	4%	1.33%	159.6
	电脑3	2018.4.1	12000	6	4%	1.33%	159.6
	打印一体机	2018.4.1	2000	6	4%	1.33%	26.6
生产车间	厂房	2018.3.1	500000	50	4%	0.16%	800
	吸塑机	2018.4.1	200000	10	4%	0.80%	1600
	折边机	2018.5.1	5000	10	4%	0.80%	40
	液压截断机	2018.4.1	35000	10	4%	0.80%	280
	空压机	2018.4.1	10000	10	4%	0.80%	80
	打板机	2018.5.1	6000	6	4%	1.33%	79.8
合计							3385.2

编制：鹏敏　　　　　　　　审核：李明

【业务89】

固定资产报废申请书
2021年6月30日

名称	单位	数量	原值	已提折旧	净值
打板机	台	1	6000.00	2959.8	3040.2

预计年限		实际使用年限		收回残值	

购置时间		申请报废原因		损坏，报废	

资产部门意见：	公司意见：	
同意报废　李明	同意报废	姚丽华印
2021年6月30日		2021年6月30日

【业务90】

现金支付凭单
2021年6月30日

领款人：李强	
付款用途：清理打板机劳务费	
金额：（大写）贰佰元整　　￥200.00	

主管领导：姚丽华　　财务主管：李明　　出纳：何朗　　经办人：何朗

四、重庆新兴吸塑包装公司资料 | 201

【业务91】
91-1

91-2

中国工商银行进账单（回单）

2021年6月30日　　NO.1245

汇款人	全　称	重庆巴南资源回收站	收款人	全　称	重庆新兴吸塑包装公司
	账　号	6344536666837783		账　号	6687886666998854345
	开户银行	工商银行大地路支行		开户银行	工商银行花溪工业园区分行

人民币（大写）伍佰陆拾伍元整		千百十万千百十元角分
		￥ 5 6 5 0 0
票据种类	转账支票	
票据张数	1张	
单位主管 李明　　会计 游敏		
复核　　　　记账		收款人开户行盖章

【业务 92】

固定资产清理结果报告单
2021 年 6 月 30 日　　　　　单位：元

项目	固定资产净值	清理费用	清理收入	清理净损失	清理净收益
金额					

主管领导：魏国华　　财务主管：李明　　会计：鸿敏

【业务 93】

无形资产摊销计算表
2021 年 06 月 30 日

名称	账面原值	摊销期限	本月摊销
商标权	60000.00	10 年	500.00
专利技术	500000.00	10 年	4166.67
非专利技术	200000.00	10 年	1666.67
合计			￥6333.34

主管：李明　　审核：　　制表：鸿敏

【业务 94】

中国工商银行　贷款利息清单

科目：　　　　　　　2021 年 6 月 30 日

贷款户账号	6687886666998854345	结算户账号	6687886666998854345
户名	重庆新兴吸塑包装公司		
计息起讫日期	2021年4月1日－2021年6月30日		中国工商银行股份有限公司重庆花溪工业园区支行 2021 年 6 月 30 日 转讫
计息总积数		利率	利息金额
7200000.00		6.8%	1360

【业务 95】

95-1

重庆新兴吸塑包装公司员工考核奖金和请假情况统计表

2021 年 6 月

编号	姓名	奖金	请假天数	编号	姓名	奖金	请假天数
101	姚丽华	1500	0	309	吴　芳	800	1
102	叶　春	1500	3	310	杜江海	500	0
103	陈　飞	1500	0	311	林林玲	1200	0
201	李　明	900	0	312	黄　莹	1000	0
202	游　敏	900	0	313	黄　德	800	3
203	何　朗	900	2	401	蒋　浩	1200	0
204	李斯敏	1000	0	402	刘　悦	1000	0
301	张　敏	1200	0	403	陈德纲	1000	0
302	周　芳	1200	0	404	吴　华	1200	0
303	王新月	1400	0	405	曾　仕	1400	0
304	张开慧	1000	0	501	赵　辉	1000	0
305	朱　强	800	0	502	曾小明	1200	0
306	汪　明	1000	2	601	张慧洁	1000	0
307	邓　媚	1000	2	602	张　悦	1000	0
308	汪　莉	1200	0	603	王亚楠	800	2

单位负责人：姚春华　　　　主管：李明　　　　制表：游敏

95-2

重庆新兴吸塑包装公司员工个税专项附加扣除统计表

2021年6月　　　　　　　　　　　　　　　　　　　　单位:元

编号	姓名	个税专项附加扣除	编号	姓名	个税专项附加扣除
101	姚丽华	1000	309	吴 芳	1000
102	叶 春	1800	310	杜江海	1400
103	陈 飞	1500	311	林林玲	2000
201	李 明	1000	312	黄 莹	1000
202	游 敏	2000	313	黄 德	1000
203	何 朗	1400	401	蒋 浩	1000
204	李斯敏	500	402	刘 悦	1000
301	张 敏	1000	403	陈德纲	1500
302	周 芳	1000	404	吴 华	2000
303	王新月	1500	405	曾 仕	2000
304	张开慧	2500	501	赵 辉	2000
305	朱 强	1500	502	曾小明	1500
306	汪 明	1000	601	张慧洁	2000
307	邓 媚	1500	602	张 悦	1400
308	汪 莉	1000	603	王亚楠	500

单位负责人:姚春华　　　　主管:李明　　　　制表:游敏

四、重庆新兴吸塑包装公司资料

【业务 96】

重庆新兴吸塑包装公司2021年6月工资计算表

部门	姓名	基本工资	津贴	奖金	请假天数	请假扣款	应发合计	医疗保险（含大额补助）	养老保险	失业保险	住房公积金	税前工资	个税专项附加扣除	计税基数	代扣税	实发合计
行政部	姚亚华	5500.00	2000.00	1500.00	0.00	0.00	9000.00	185.00	720.00	45.00	720.00	7330.00	1000.00	6330.00	39.90	7290.10
	叶春	5500.00	2000.00	1500.00	3.00	60.00	8940.00	183.80	715.20	44.70	715.20	7281.10	1800.00	5481.10	14.43	7266.67
	陈飞	5500.00	2000.00	1500.00	2.00	40.00	9000.00	185.00	720.00	45.00	720.00	7330.00	1500.00	5830.00	24.90	7305.10
	合计	16500.00	6000.00	4500.00		100.00	26940.00	553.80	2155.20	134.70	2155.20	21941.10	4300.00	17641.10	79.23	21861.87
财务部	李明	5000.00	1500.00	900.00	0.00	0.00	7400.00	153.00	592.00	37.00	592.00	6026.00	1000.00	5026.00		6026.00
	游敏	5000.00	1500.00	900.00	2.00	40.00	7360.00	153.20	588.80	36.80	588.80	5993.40	1400.00	4593.40	0.78	5993.40
	何明	5000.00	1500.00	1000.00	0.00	0.00	7500.00	155.00	600.00	37.50	600.00	6107.50	500.00	5607.50	18.23	6089.28
	李斯敏	5000.00	1500.00	900.00	2.00	40.00	7360.00	152.20	588.80	36.80	588.80	5993.40	1400.00	4593.40		5993.40
	合计	20000.00	6000.00	3700.00		80.00	29660.00	613.20	2372.80	148.30	2372.80	24152.90	4900.00	19252.90	19.01	24133.90
PVC内托	张敏	4500.00	1000.00	1200.00	0.00	0.00	6700.00	139.00	536.00	33.50	536.00	5455.50	1000.00	4455.50		5455.50
	周芳	4500.00	1000.00	1200.00	0.00	0.00	6700.00	139.00	536.00	33.50	536.00	5455.50	1000.00	4455.50		5455.50
	王薪月	4500.00	1000.00	1400.00	0.00	0.00	6900.00	143.00	552.00	34.50	552.00	5618.50	1500.00	4118.50		5618.50
	张开慧	4500.00	1000.00	1000.00	0.00	0.00	6500.00	135.00	520.00	32.50	520.00	5292.50	2500.00	2792.50		5292.50
	朱强	4500.00	1000.00	800.00	0.00	0.00	6300.00	131.00	504.00	31.50	504.00	5129.50	1500.00	3629.50		5129.50
	汪明	4500.00	1000.00	1000.00	2.00	40.00	6460.00	134.20	516.80	32.30	516.80	5259.90	1000.00	4259.90		5259.90
	合计	27000.00	6000.00	6600.00		40.00	39560.00	821.20	3164.80	197.80	3164.80	32211.40	8500.00	23711.40		32211.40
PS嵌线内托	邓娟	4500.00	1000.00	1000.00	2.00	40.00	6460.00	134.20	516.80	32.30	516.80	5259.90	1500.00	3759.90		5259.90
	汪莉	4500.00	1000.00	1200.00	0.00	0.00	6700.00	139.00	536.00	33.50	536.00	5455.50	1000.00	4455.50		5455.50
	吴芳	4500.00	1000.00	800.00	1.00	20.00	6280.00	130.60	502.40	31.40	502.40	5113.20	1000.00	4113.20		5113.20
	杜江海	4500.00	1000.00	500.00	0.00	0.00	6000.00	125.00	480.00	30.00	480.00	4885.00	1400.00	3485.00		4885.00
	林江玲	4500.00	1000.00	1200.00	0.00	0.00	6700.00	139.00	536.00	33.50	536.00	5455.50	2000.00	3455.50		5455.50
	黄莹	4500.00	1000.00	1000.00	0.00	0.00	6500.00	135.00	520.00	32.50	520.00	5292.50	1000.00	4292.50		5292.50
	黄德	4500.00	1000.00	800.00	3.00	60.00	6240.00	129.80	499.20	31.20	499.20	5080.60	1000.00	4080.60		5080.60
	合计	31500.00	7000.00	6500.00		120.00	44880.00	932.60	3590.40	224.40	3590.40	36542.20	8900.00	27642.20		36542.20
销售部	蒋洁	5000.00	1500.00	1200.00	0.00	0.00	7700.00	159.00	616.00	38.50	616.00	6270.50	1000.00	5270.50	8.12	6262.39
	刘悦	5000.00	1500.00	1000.00	0.00	0.00	7500.00	155.00	600.00	37.50	600.00	6107.50	1000.00	5107.50	3.23	6104.28
	陈德钢	5000.00	1500.00	1200.00	0.00	0.00	7700.00	159.00	616.00	38.50	616.00	6270.50	2000.00	4270.50		6270.50
	吴华	5000.00	1500.00	1400.00	0.00	0.00	7900.00	163.00	632.00	39.50	632.00	6433.50	2000.00	4433.50		6433.50
	曾仕	5000.00	7500.00	5800.00	0.00	0.00	38300.00	791.00	3064.00	191.50	3064.00	31189.50	7500.00	23689.50		31178.16
	赵辉	25000.00	1000.00	1200.00	0.00	0.00	6500.00	139.00	520.00	32.50	520.00	5292.50	2000.00	3292.50		5292.50
	合计															
采购部	曾小明	4500.00	1000.00	1200.00	0.00	0.00	6700.00	139.00	536.00	33.50	536.00	5455.50	1500.00	3955.50		5455.50
	合计	9000.00	2000.00	2200.00		0.00	13200.00	274.00	1056.00	66.00	1056.00	10748.00	3500.00	7248.00		10748.00
仓储部	张慧洁	4000.00	800.00	1000.00	0.00	0.00	5800.00	121.00	464.00	29.00	464.00	4722.00	2000.00	2722.00		4722.00
	张悦	4000.00	800.00	1000.00	0.00	0.00	5800.00	121.00	464.00	29.00	464.00	4722.00	1400.00	3322.00		4722.00
	王亚楠	4000.00	800.00	800.00	2.00	40.00	5560.00	116.20	444.80	27.80	444.80	4526.40	500.00	4026.40		4526.40
	合计	12000.00	2400.00	2800.00		40.00	17160.00	358.20	1372.80	85.80	1372.80	13970.40	3900.00	10070.40		13970.40
合计		141000.00	36900.00	32100.00	15.00	200.00	209700.00	4344.00	16776.00	1048.50	16776.00	170755.50	41500.00	129255.50	109.58	170645.92

四、重庆新兴吸塑包装公司资料

重庆新兴吸塑包装公司2021年6月工资计算表

部门	姓名	基本工资	津贴	奖金	请假天数	请假扣款	应发合计	医疗保险(含大额补助)	养老保险	失业保险	住房公积金	税前工资	个税专项附加扣除	计税基数	代扣税	实发合计
行政部	姚丽华	5500.00	2000.00	1500.00		0.00	9000.00	185.00	720.00	45.00	720.00	7330.00	1000.00	6330.00	39.90	7290.10
	叶春	5500.00	2000.00	1500.00	3.00	60.00	8940.00	183.80	715.20	44.70	715.20	7281.10	1800.00	5481.10	14.43	7266.67
	陈飞	5500.00	2000.00	1500.00		0.00	9000.00	185.00	720.00	45.00	720.00	7330.00	1500.00	5830.00	24.90	7305.10
	合计	16500.00	6000.00	4500.00		0.00	26940.00	553.80	2155.20	134.70	2155.20	21941.10	4300.00	17641.10		21861.87
财务部	李明	5000.00	1500.00	900.00		0.00	7400.00	153.00	592.00	37.00	592.00	6026.00	1000.00	5026.00	0.78	6025.22
	游敏	5000.00	1500.00	900.00	2.00	40.00	7360.00	152.20	588.80	36.80	588.80	5993.40	1400.00	4593.40		5993.40
	何明	5000.00	1500.00	1000.00		0.00	7500.00	155.00	600.00	37.50	600.00	6107.50	500.00	5607.50	18.23	6089.28
	李斯敏	5000.00	6000.00	3700.00		0.00	29660.00	613.20	2372.80	148.30	2372.80	24152.90	4900.00	19252.90		24133.90
	合计	20000.00														
PVC内托	张敏	4500.00	1000.00	1200.00		0.00	6700.00	139.00	536.00	33.50	536.00	5455.50	1000.00	4455.50		5455.50
	周芳	4500.00	1000.00	1200.00		0.00	6700.00	139.00	536.00	33.50	536.00	5455.50	1000.00	4455.50		5455.50
	王新月	4500.00	1000.00	1400.00	0.00	0.00	6900.00	143.00	552.00	34.50	552.00	5618.50	1500.00	4118.50		5618.50
	张叶慧	4500.00	1000.00	1000.00		0.00	6500.00	135.00	520.00	32.50	520.00	5292.50	2500.00	2792.50		5292.50
	朱强	4500.00	1000.00	800.00		0.00	6300.00	131.00	504.00	31.50	504.00	5129.50	1500.00	3629.50		5129.50
	汪明	4500.00	1000.00	1000.00	2.00	40.00	6460.00	134.20	516.80	32.30	516.80	5259.90	1000.00	4259.90		5259.90
	合计	27000.00	6000.00	6600.00		40.00	39560.00	821.20	3164.80	197.80	3164.80	32211.40	8500.00	23711.40		32211.40
PS精钢内托	邓娴	4500.00	1000.00	1000.00	2.00	40.00	6460.00	134.20	516.80	32.30	516.80	5259.90	1500.00	3759.90		5259.90
	汪莉	4500.00	1000.00	1200.00		0.00	6700.00	139.00	536.00	33.50	536.00	5455.50	1000.00	4455.50		5455.50
	吴芳	4500.00	1000.00	800.00	1.00	20.00	6280.00	130.60	502.40	31.40	502.40	5113.20	1000.00	4113.20		5113.20
	杜江海	4500.00	1000.00	500.00		0.00	6000.00	125.00	480.00	30.00	480.00	4885.00	1400.00	3485.00		4885.00
	林林玲	4500.00	1000.00	1200.00		0.00	6700.00	139.00	536.00	33.50	536.00	5455.50	2000.00	3455.50		5455.50
	黄杰	4500.00	1000.00	1000.00		0.00	6500.00	135.00	520.00	32.50	520.00	5292.50	1000.00	4292.50		5292.50
	黄德	4500.00	1000.00	800.00	3.00	60.00	6240.00	129.80	499.20	31.20	499.20	5080.60	1000.00	4080.60		5080.60
	合计	31500.00	7000.00	6500.00	6.00	120.00	44880.00	932.60	3590.40	224.40	3590.40	36542.20	8900.00	27642.20		36542.20
销售部	蒋治	5000.00	1500.00	1200.00		0.00	7700.00	159.00	616.00	38.50	616.00	6270.50	1000.00	5270.50	8.12	6262.39
	刘悦	5000.00	1500.00	1000.00		0.00	7500.00	155.00	600.00	37.50	600.00	6107.50	1000.00	5107.50	3.23	6104.28
	陈德纲	5000.00	1500.00	1200.00		0.00	7700.00	159.00	616.00	38.50	616.00	6270.50	1500.00	4607.50		6107.50
	吴华	5000.00	1500.00	1200.00		0.00	7700.00	159.00	616.00	38.50	616.00	6270.50	2000.00	4270.50		6270.50
	曾仕	5000.00	1500.00	1400.00		0.00	7900.00	163.00	632.00	39.50	632.00	6433.50	2000.00	4433.50		6433.50
	合计	25000.00	7500.00	5800.00		0.00	38300.00	791.00	3064.00	191.50	3064.00	31189.50	7500.00	23689.50		31178.16
采购部	赵辉	4500.00	1000.00	1000.00		0.00	6500.00	135.00	520.00	32.50	520.00	5292.50	2000.00	3292.50		5292.50
	曾小明	4500.00	1000.00	1200.00		0.00	6700.00	139.00	536.00	33.50	536.00	5455.50	1500.00	3955.50		5455.50
	合计	9000.00	2000.00	2200.00		0.00	13200.00	274.00	1056.00	66.00	1056.00	10748.00	3500.00	7248.00		10748.00
仓储部	张鲁洁	4000.00	800.00	1000.00		0.00	5800.00	121.00	464.00	29.00	464.00	4722.00	2000.00	2722.00		4722.00
	张悦	4000.00	800.00	1000.00		0.00	5800.00	121.00	464.00	29.00	464.00	4722.00	1400.00	3322.00		4722.00
	王亚辉	4000.00	800.00	800.00	2.00	40.00	5560.00	116.20	444.80	27.80	444.80	4526.40	500.00	4026.40		4526.40
	合计	12000.00	2400.00	2800.00		40.00	17160.00	358.20	1372.80	85.80	1372.80	13970.40	3900.00	10070.40		13970.40
合计		141000.00	36900.00	32100.00	15.00	200.00	209700.00	4344.00	16776.00	1048.50	16776.00	170755.50	41500.00	129255.50	109.58	170645.92

【业务 97】

【业务98】

重庆新兴吸塑包装公司2021年6月社保、公积金计算表（企业负责部分）

部门	姓名	应发合计	医疗保险（含生育保险和大额补助）	养老保险	失业保险	工伤保险	住房公积金	社保及住房公积金合计
行政部	姚丽华	9000	900	1440	45	54	720	3159
	叶春	8940	894	1430.4	44.7	53.64	715.2	3137.94
	陈飞	9000	900	1440	45	54	720	3159
	合计	26940	2694	4310.4	134.7	161.64	2155.2	9455.94
财务部	李明	7400	740	1184	37	44.4	592	2597.4
	游敏	7360	736	1177.6	36.8	44.16	588.8	2583.36
	何朗	7500	750	1200	37.5	45	600	2632.5
	李斯敏	7400	740	1184	37	44.4	592	2597.4
	合计	29660	2966	4745.6	148.3	177.96	2372.8	10410.66
PVC内托	张敏	6700	670	1072	33.5	40.2	536	2351.7
	周芳	6700	670	1072	33.5	40.2	536	2351.7
	王新月	6900	690	1104	34.5	41.4	552	2421.9
	张开慧	6500	650	1040	32.5	39	520	2281.5
	朱盟	6300	630	1008	31.5	37.8	504	2211.3
	汪明	6460	646	1033.6	32.3	38.76	516.8	2267.46
	合计	39560	3956	6329.6	197.8	237.36	3164.8	13885.56
PS植绒内托	邓娟	6700	670	1072	33.5	40.2	536	2267.46
	汪娟	6280	628	1004.8	31.4	37.68	502.4	2204.28
	吴芳	6000	600	960	30	36	480	2106
	杜江梅	6700	670	1072	33.5	40.2	536	2351.7
	林林玲	6500	650	1040	32.5	39	520	2281.5
	黄雪	6240	624	998.4	31.2	37.44	499.2	2190.24
	黄海							
	合计	44880	4488	7180.8	224.4	269.28	3590.4	15752.88
销售部	蒋浩	7700	770	1232	38.5	46.2	616	2702.7
	刘悦	7500	750	1200	37.5	45	600	2632.5
	陈德利	7500	750	1200	37.5	45	600	2632.5
	吴华	7700	770	1232	38.5	46.2	616	2702.7
	曾仕	7900	790	1264	39.5	47.4	632	2772.9
	合计	38300	3830	6128	191.5	229.8	3064	13443.3
采购部	赵辉	6500	650	1040	32.5	39	520	2281.5
	曾小明	6700	670	1072	33.5	40.2	536	2351.7
	合计	13200	1320	2112	66	79.2	1056	4633.2
仓储部	张慧洁	5800	580	928	29	34.8	464	2035.8
	张悦	5800	580	928	29	34.8	464	2035.8
	王亚楠	5560	556	889.6	27.8	33.36	444.8	1951.56
	合计	17160	1716	2745.6	85.8	102.96	1372.8	6023.16
合计		209700	20970	33552	1048.5	1258.2	16776	73604.7

【业务99】

职工福利分配表
2021 年 6 月 30 日

科目	受益部门	内容	金额
销售费用	销售部	电脑	8700.00
合计	人民币捌仟柒佰元整		￥8700.00

主管：李明　　　审核：　　　统计制表：游敏

【业务100】

固定资产盘点报告表

公司名称：重庆新兴吸塑包装公司　　　2021 年 6 月 30 日

产品名称	规格型号	单位	地点	账面数量	实存数量	盘盈		盘亏		原因
						数量	重置成本	原值	已提折旧	
电脑	Lenovo-H	台	办公室	5	4			4000		被盗
合计										

使用部门：陈飞　　　会计：游敏　　　主管：李明

【业务 101】

关于盘盈产品和盘亏产品的处理批复

公司财务部：

经研究决定，2021年06月的财产清查，其清查结果按以下决定核销：

盘亏 Lenovo-H 电脑一台，账面价值 4000 元，购进时进项税额为 520 元，批准损失作为营业外支出。

重庆新兴吸塑包装公司

2021年06月30日

【业务 102】

对应操作员，完成"出纳签字""审核""记账"操作。

【业务 103】

制造费用分配表

2021年6月　　　　　　　　　　　　　　　单位：元

分配对象	分配标准（产品数量）	分配率	分配金额
PVC 内托	260000		
PS 植绒内托	140000		
合计	400000		

主管：李明　　　审核：　　　制表：腊敏

【业务 104】

104-1

产品成本计算单

产品：PVC 内托　　　　　2021 年 6 月 30 日　　　　完工产量：270000 个
　　　　　　　　　　　　　　　　　　　　　　　　　期末在产品数量：0

成本项目	期初在产品成本	本月发生成本	生产费用合计	在产品约当产量	完工产品产量	产量合计	单位成本	完工产品成本	月末在产品成本
直接材料									
直接人工									
制造费用									
合计									

编制：鸿敏　　　　　　　　　　　　　　　　　　　审核：李明

104-2

产成品入库单

2021 年 6 月 30 日

送存部门：车间　　　　　　仓库：产成品库　　单号：02

材料名称	计量单位	入库数量	金额
PVC 内托	个	270000	

库管员：王亚楠　　　　　　　　　　　　　送存人：张敏

第三联交财务科

【业务 105】

105-1

产品成本计算单

产品：PS植绒内托　　2021年6月30日　　完工数量：120000个　　在产品数量：20000个　完工率50%

成本项目	期初在产品成本	本月发生成本	生产费用合计	在产品约当产量	完工产品产量	产量合计	单位成本	完工产品成本	月末在产品成本
直接材料									
直接人工									
制造费用									
合计									

编制：润敏　　　　　　　　　　　　　　　　　　审核：李明

105-2

产成品入库单

2021年6月30日

送存部门：车间　　　　　仓库：产成品库　　单号：03

材料名称	计量单位	入库数量	金额
PS植绒内托	个	120000	

第三联交财务科

库管员：王亚楠　　　　　　　　　　送存人：张敏

【业务 106】

106-1

已售产品成本计算表

2021年6月30日

类型			已售产品		
			数量（个）	单位成本	金额
PVC 内托	委托加工产品				
	自制产品	直接材料			
		直接人工			
		制造费用转入			
		小计			
	合计				
PS 植绒内托	委托加工产品				
	自制产品	直接材料			
		直接人工			
		制造费用转入			
		小计			
	合计				

编制：游敏　　　　　　　　　　　　　审核：李明

106-2

产成品出库单

2021年6月6日

送存部门：销售部　　　　　仓库：产成品库　　单号：01

材料名称	计量单位	出库数量	金额
PVC 内托	个	40000	

库管员：王亚楠　　　　　　　　　　　　送存人：张敏

106-3

产成品出库单

2021 年 6 月 11 日

送存部门：销售部　　　　　　　　仓库：产成品库　　单号：02

材料名称	计量单位	出库数量	金额
PS 植绒内托	个	5000	

库管员：王亚楠　　　　　　　　　　　　送存人：张敏

第三联交财务科

106-4

产成品出库单

2021 年 6 月 14 日

送存部门：销售部　　　　　　　　仓库：产成品库　　单号：03

材料名称	计量单位	出库数量	金额
PS 植绒内托	个	30000	
PVC 内托	个	20000	

库管员：王亚楠　　　　　　　　　　　　送存人：张敏

第三联交财务科

106-5

产成品出库单

2021 年 6 月 17 日

送存部门：销售部　　　　　　　　　仓库：产成品库　　单号：04

材料名称	计量单位	出库数量	金额
PVC 内托	个	30000	

库管员：王亚楠　　　　　　　　　送存人：张敏

106-6

产成品出库单

2021 年 6 月 23 日

送存部门：销售部　　　　　　　　　仓库：产成品库　　单号：05

材料名称	计量单位	出库数量	金额
PVC 内托	个	50000	

库管员：王亚楠　　　　　　　　　送存人：张敏

106-7

产成品出库单

2021 年 6 月 25 日

送存部门：销售部　　　　　　　　　　仓库：产成品库　　单号：06

材料名称	计量单位	出库数量	金额
PS 植绒内托	个	40000	

库管员：王亚楠　　　　　　　　　　送存人：张敏

第三联交财务科

106-8

产成品出库单

2021 年 6 月 27 日

送存部门：销售部　　　　　　　　　　仓库：产成品库　　单号：07

材料名称	计量单位	出库数量	金额
PS 植绒内托	个	90000	

库管员：王亚楠　　　　　　　　　　送存人：张敏

第三联交财务科

【业务107】
107-1

认证结果通知书

重庆新兴吸塑包装公司：

你单位于 2021 年 6 月报送的防伪税控系统开具的专用发票抵扣联共 20 份。经过认证，认证相符的专用发票 20 份，税额 81933.94 元。现将认证相符的专用发票抵扣联退还给你单位，请查收。

请将认证相符专用发票抵扣联与本通知书一起装订成册，作为纳税检查的备查资料。

认证的详细情况请见本通知所附清单。

107-2

增值税计算表

2021年 6 月 30 日　　　　　单位：元

项目	行次	金　额
本月销项税额	1	
本月进项税额	2	81933.94
本月进项税额转出	3	520
上期留抵税额	4	
本月应交未交增值税额	5	

编制：游飞　　　　　　　审核：李明

【业务108】

本月应交城建税及教育费附加计算表

2021年 6月 30日

税种	计税依据			税率	应纳税金额
	增值税	消费税	合计		
城市维护建设税		——		7%	
教育费附加		——		3%	
地方教育附加		——		2%	
合 计					

编制：湘敏　　　　　　　　　　　　　　　　　　审核：李明

【业务109】

对应操作员，完成"审核""记账"操作。

【业务110】

损益类账户发生额结转表
2021年6月30日

账户名称	借方累计发生额	贷方累计发生额

编制：潘敏　　　　　　　　　　　　审核：李明

【业务111】

第二季度企业所得税计算表
2021年6月30日　　　　　　单位：元

税款所属日期	1~6月利润总额	税率	1~6月应预交企业所得税	1~6月已预交企业所得税	本季应预交企业所得税
2021.4-2021.6		25%			
合计					

编制：潘敏　　　　　　　　　　　　审核：李明

【业务112】
完成所有凭证的审核、记账。
【业务113】
工资模块对账、结账。
【业务114】
固定资产模块对账、结账。
【业务115】
总账模块对账、结账。
【业务116】
调用模板,生成重庆新兴吸塑包装公司2021年6月"利润表""资产负债表"。
【业务117】
打印记账凭证、账簿;装订记账凭证、账簿。

五、重庆新兴吸塑包装公司经济业务说明

以下是有关重庆新兴吸塑包装公司2021年6月的经济业务的必要说明。

【业务1】付货款

【业务2】购料

【业务3】手续费

【业务4】付6月1日向成都欣旺塑胶有限公司购入PVC片材的运输费

【业务5】提备用金

【业务6】领料

【业务7】报销差旅费

【业务8】从成都欣旺塑胶有限公司购入的PVC片材入库

【业务9】购买包装材料

【业务10】收到销售产品定金

【业务11】持有的重庆市诗圣酒业股份有限公司商业承兑汇票到期,结汇收款

【业务12】提现

【业务13】发工资

【业务14】将票面金额50 000元的银行承兑汇票申请贴现

【业务15】付厂房的租金

【业务16】销售产品

【业务17】接受投入的设备

【业务18】付销售产品运输费用

【业务19】申请一张银行汇票

【业务20】收货款

【业务21】领料

【业务22】借差旅费

【业务23】购料

【业务 24】购入武钢股份,武钢股份已宣告发放现金股利每股 0.2 元,公司作为短期投资

【业务 25】领料

【业务 26】向银行借款

【业务 27】支付社会保险费

【业务 28】支付住房公积金

【业务 29】支付税款

【业务 30】支付增值税

【业务 31】购入一台需要安装的设备

【业务 32】销售产品

【业务 33】3 月 8 日从深圳旺群植绒有限公司购入的 PS 植绒片材 5 吨入库

【业务 34】付包装物押金

【业务 35】付安装费,该设备投入使用

【业务 36】支付通行费

【业务 37】收取出租设备的租金

【业务 38】报销差旅费

【业务 39】现金折扣销售,现金折扣条件:2/10,1/20,n/30(不考虑增值税)

【业务 40】现金盘点

【业务 41】支付律师咨询费

【业务 42】付 14 日销售产品运输费

【业务 43】盘亏现金批准处理

【业务 44】向银行借款

【业务 45】接受专利技术作为投资

【业务 46】购买包装材料

【业务 47】领用包装材料

【业务 48】销售产品

【业务 49】收回坏账损失

【业务 50】收货款

【业务 51】包装材料入库

【业务 52】收违约金

【业务 53】报销维修费

【业务 54】支付仓储费

【业务 55】销售材料

【业务 56】收取包装物租金

【业务 57】收取购买时宣告发放的现金股利

【业务 58】购料

【业务 59】发出材料委托加工

【业务 60】支付上月电费

【业务 61】支付上月水费

【业务 62】领料

【业务 63】销售人员吴华支付加油费

【业务 64】奖励销售部职工每人一台电脑

【业务 65】购电脑

【业务 66】收货款

【业务 67】销售产品

【业务 68】支付加工费

【业务 69】注销无法支付的货款

【业务 70】委托加工产品入库

【业务 71】收回包装物押金

【业务 72】背书转让商业汇票抵付欠款

【业务 73】销售产品

【业务 74】付商品展览费

【业务 75】付广告费

【业务 76】支付推广服务费

【业务 77】购入非专利技术

【业务 78】收到追加的投资

【业务 79】销售产品

【业务 80】捐赠

【业务 81】付电话费

【业务 82】支付物业管理费

【业务 83】购料

【业务 84】支付包装协会会费

【业务 85】22 日从深圳旺群植绒有限公司购入的一批 PS 植绒片材入库，月末仍未收到发票账单

【业务 86】分配电费

【业务 87】分配水费

【业务88】计提折旧

【业务89】固定资产报废申请

【业务90】支付清理费用

【业务91】残料收入

【业务92】结转净损益

【业务93】无形资产摊销

【业务94】支付借款利息

【业务95】录入本月工资变动数据

【业务96】分摊工资

【业务97】代扣保险、公积金、个人所得税

【业务98】分摊单位缴纳的保险、公积金

【业务99】分配职工福利费

【业务100】盘点固定资产

【业务101】盘亏固定资产处理

【业务102】出纳签字、审核、记账

【业务103】制造费用分配

【业务104】PVC内托入库

【业务105】PS植绒内托入库

【业务106】结转已销产品成本

【业务107】结转本月未交增值税

【业务108】结转本月应交城市维护建设税、教育附加和地方教育附加

【业务109】审核、记账

【业务110】结转期间损益

【业务111】计算确认第二季度企业应交的企业所得税

【业务112】完成所有凭证的审核、记账

【业务113】工资模块对账、结账

【业务114】固定资产模块对账、结账

【业务115】总账模块对账、结账

【业务116】调用模板,生成重庆新兴吸塑包装公司2021年6月"利润表""资产负债表"

【业务117】打印记账凭证、账簿;装订记账凭证、账簿